Dedicado a:

_____
_____
_____
_____
_____

Para: _____

De: _____

Fecha: _____

JVH
PUBLICATIONS

DR. JOSE ZAPICO

Intimidad
EN SU
Presencia

Nuestra Visión

Alcanzar las naciones llevando la autenticidad de la revelación de la Palabra de Dios, para incrementar la fe y el conocimiento de todos aquellos que lo anhelan fervientemente; esto, por medio de libros y materiales de audio y video.

Publicado por
JVH Publications
11830 Miramar Pwky
Miramar, Fl. 33025
Derechos reservados

© 2020 JVH Publications (Spanish edition)
Segunda edición 2020
© 2020 José y Lidia Zapico
Todos los derechos reservados.

ISBN 1-59900-160-8

Reservados todos los derechos. Ninguna porción ni parte de esta obra se puede reproducir, ni guardar en un sistema de almacenamiento de información, ni transmitir en ninguna forma por ningún medio (electrónico, mecánico, de fotocopias, grabación, etc.) sin el permiso previo de los editores. La única excepción es en breves citas en reseñas impresas.

Fotografía de los autores: Jim Midei
Diseño de la portada e interior: Esteban Zapico
Impreso en USA
Categoría: Oración, Crecimiento Espiritual

Contenido

Introducción 7

Capítulo 1
Hambre Por la Palabra De Dios 15

Capítulo 2
El Ayuno Agradable Delante de Dios 27

Capítulo 3
Tu Rompimiento Personal 33

Capítulo 4
Alcanzando el Favor Divino 43

Capítulo 5
El Alimentarte en Dios Te Hace Fuerte 51

Capítulo 6
El Hambre por Dios y la Fe Van Unidos 61

Capítulo 7
Entendiendo la Comunión Con Tu Padre Celestial 69

Capítulo 8
El Refugio Está en lo Secreto de Su Presencia 79

Capítulo 9
Él Te Esconderá en Su Secreto 89

Capítulo 10
En Su Secreto Te Revelará Sus Misterios 99

Capítulo 11
Él Te Hara Conocer Sus Misterios   111

Capítulo 12
Su Revelación Te Hace Vivir Confiado   123

Capítulo 13
El Vivir Cada Día en Su Presencia   135

Capítulo 14
Cuando No Sabes Qué Hacer   143

Bibliografía   155

Introducción

En el inicio del año 2018 el Señor me llamó ha realizar un ayuno de 21 días. Durante esos días pude sacar mucho tiempo para orar y buscar la presencia de Dios. Esos días de retiro a solas, pude escribir cada día temas acerca de la importancia de estar en el Lugar Secreto. Fui escribiendo durante estos 21 días una serie de reflexiones de la Palabra de Dios que hoy lo he plasmado en este libro para que también tú lo puedas leer y pueda ser un gran despertar para tu vida espiritual.

En este tiempo de mucha agitación y gran movimiento, la humanidad ha entrado en un corre corre sin precedentes. Eso afecta a los creyentes de Cristo a tal manera que para muchos es casi imposible buscar a Dios por más de una o dos horas. El cansancio espiritual y el estrés ahogan el tiempo precioso que los hijos de Dios deberían sacar para orar delante de Él.

Los creyentes débiles que hoy se encuentran por miles, se debe a la falta de oración y búsqueda de comunión con el Señor. El resultado ha sido congregaciones multitudinarias que no conocen la presencia de Dios, propensos a caer en error por la desnutrición tanto de la Palabra como de calidad de tiempo en su presencia.

Hombres de Dios se movieron bajo el poder del

Espíritu Santo en el siglo pasado, trayendo movimientos espirituales junto con un gran despertar. ¿Cuál era el secreto de esos hombres de Dios que marcaron la Iglesia con milagros y sanidades? Su consagración y búsqueda. Hoy en día se tiene muchas conferencias escasas del poder de Dios. "No oración, no unción"; fue un dicho muy conocido en el siglo XX. En ese tiempo el poder de Dios se manifestó con un poderoso derramar del Espíritu Santo, resurgiéndo una Iglesia poderosa.

A finales del siglo la filtración de enseñanazas falsas comenzaron a invadir los púlpitos, mientras que las ideologías de la Nueva Era sonaban por todos lados. Esta se caracterizaba por la exaltación del YO del hombre, queriendo reemplazar el trabajo del Espíritu Santo. Resurgiendo el exaltamiento a lo material más que lo espiritual, donde ya no era importante las manifestaciones del poder de Dios, sino la exaltación del capricho humano. Dejaron a un lado el ir a la cruz, para exaltar las vanidades y el orgullo personal.

Eso ha llevado hoy a tener una Iglesia MODERNA, que ya no necesita del poder de Dios ni buscar su presencia. Mientras otros se justifican: "Dios todo lo hizo por nosotros". Es verdad, Jesús hizo la parte que el Padre le encomendó, sin embargo, cada uno debe seguir sus pasos, tomar la cruz cada día y hacer su voluntad. En la época de Jesús todos sus seguidores sabían que tendrían que seguir sus pasos, aun si tocara ser mártires por su causa. Ese era el concepto de la Iglesia primitiva en sus inicios, dar testimonio como Jesús siguió la instrucciones y fidelidad al Padre.

El Evangelio que se predica hoy en muchos lugares es relativo, acondicionado a una vida cómoda, que niega el caminar verdadero de Cristo. Las personas no quieren pagar el precio del morir a sus deseos pecaminosos, porque muchos no creen en la palabra "pecado", ni en la palabra "justificación".

Pero no todo está perdido, hay una generación que se levanta para buscar su presencia en adoración. Quizás son criticados por muchos, porque no entienden que los cambios que se necesitan dentro del corazón provienen de tener un encuentro directo con la presencia de Dios.

Una cosa es verdadera, mientras muchos siguen predicando huecas filosofías y temas discutibles, otros prefieren sentir la presencia de Dios para ser renovados en su ser interior y eso se logra a través de la paz que se siente al adorar en el lugar Santísimo.

La adoración trae paz y comunión para el alma y el espíritu. La presencia de Dios es única, incomparable, es como su Palabra, solo ella llena el alma, las demás palabras son huecas que no transforman ni cambian nada en absoluto; como las letras que se cantan sin sentido, ellas no tocan el alma, no trasforman el corazón, solo la Palabra lo logra.

He sacado la conclusión que esta sociedad cristiana no será cambiada a menos que tenga un encuentro vivo con Cristo y su presencia gloriosa. Es bueno adorar por horas, en casa, en grupos, y en la Iglesia cuando se congrega, ¡claro que sí! Reconozco que el estrés ataca grandemente a nuestros jóvenes, ¿Cómo serán libres de los velos mágicos de opresión tirados sobre el mundo? Solo entrando en la presencia de Dios siendo transformados por Él. Eso se logra solo adorándo y siendo llenos del poder de Dios. Ahí es donde el Señor quiere visitar y llenar el alma cargada haciéndola completamente libre de ataduras espirituales.

Te insto, a que tú hagas la decisión de seguir los pasos de Cristo y ser diferente a los demás. ¡busca de Dios en tu intimidad! ¡adóralo por horas! ¡Saca tu tiempo para estar con Él! y notarás la diferencia en tu vida espiritual, ¡te convertirás en un gigante que nadie te podrá hacer frente!

El llamado es para todos aquellos que en medio de las tinieblas que cubre la tierra, buscan su luz y su revelación. Saca como disciplina el tiempo en la soledad y en grupo para orar, adorar y a exaltar aquel que viene con gran recompensa para aquellos que le buscan en espíritu y verdad.

El autor.

1

Hambre Por la Palabra De Dios

Miles de cristianos desconocen las verdades reveladas en la Biblia porque no la leen ni la estudian; esta actitud produce anemia espiritual, al no alimentarse espiritualmente en forma correcta, esto hace que vivan frustrados y derrotados, al carecer de los verdaderos fundamentos y valores de las Sagradas Escrituras.

Romanos 10:17 ^{RVR1960}
Así que la fe es por el oír, y el oír, por la Palabra de Dios.

¿Te has preguntado cómo se produce y opera la verdadera fe en Dios? Nadie puede llegar a la fe a menos que lea y estudie la Biblia o alguien le hable del mensaje del evangelio. Según la Palabra de Dios, el Espíritu Santo produce un despertar de fe y esperanza dentro de tu vida, y es la confiabilidad de esta Palabra en la que haces descansar tu fe. Las Escrituras contienen palabras de vida eterna, ella esta viva y habla directo a tu corazón. El Apóstol Santiago y Pedro lo expresan en sus cartas.

Santiago 1:18 RVR1960
Él, de su voluntad, nos hizo nacer por la palabra de verdad, para que seamos primicias de sus criaturas.

1 Pedro 1:23 RVR1960
Siendo renacidos, no de simiente corruptible, sino de incorruptible, por la palabra de Dios que vive y permanece para siempre.

Solamente la voluntad de Dios, su Palabra y su obra son eternas. Debes de estar dispuesto a no andar detrás de las cosas temporales y pasajeras, en lugar de esto, debes de comenzar a dedicar tu tiempo, dinero y esfuerzos a lo que es permanente, la cual es la Palabra de Dios y tu esperanza de vida eterna en Cristo.

> **La fe viene cuando tú estás dispuesto a escuchar la verdadera Palabra Dios, eso hará incrementar tu nivel de fe.**

Recuerda que Jesús inició su ministerio ayunando en el desierto, y allí fue tentado por satanás, para que desistiera del plan de Dios para que fuera el Salvador de la humanidad y de la búsqueda en oración delante de su Padre Celestial. Sin embargo, Jesús resistió al diablo porque conocía el poder de la comunión íntima con su Padre.

Hambre Por La Palabra de Dios

Mateo 4:4 RVR1960
El respondió y dijo: Escrito está: No sólo de pan vivirá el hombre, sino de toda palabra que sale de la boca de Dios.

Por tres veces consecutivas Jesús derrotó al tentador, diciendo *"escrito está"*. ¡Esto es poderoso! Cuando entendemos el poder de Dios y la búsqueda en la soledad, el Espíritu Santo te revelará la Palabra correcta para usarla como espada que corta todas las artimañas del adversario. Jesús fue hablando y utilizando la Palabra de Dios, haciéndolo de esta manera alcanzó victoria sobre las tentaciones. El conocer y obedecer la Palabra, te ayudara a seguir los deseos y la voluntad de Dios, en vez de ser engañado por el diablo.

Cada vez que el enemigo quiera ponerte a prueba, busca a Dios en lo secreto y serás victorioso en los tiempos de necesidad.

Si el poder de la comunión, y la búsqueda, sostuvo a Jesús durante los 40 días y 40 noches sin comida, ¿cuánto más te ayudará el Señor en tú búsqueda de corazón? Es la voluntad de Dios que cada uno de sus hijos tenga un ardiente y vivo anhelo día a día; cual hambre intensa por conocer y entender cada vez más el poder de la Palabra que incrementa el nivel de fe. Por eso es determinante que estés extremadamente apasionado por ella, eso te llevará a estar alineado a Dios mismo.

Jesús nos confirma la verdad de que cada palabra de las Escrituras ha sido dada por Dios mismo. También afirma que toda verdad que la Biblia enseña es inviolable. Él da testimonio de la indisolubilidad de las Escrituras. Dios y su Palabra proveen la única estabilidad en un mundo inestable e inseguro.

Proverbios 30:5-6 RVR1960

Toda palabra de Dios es limpia; Él es escudo a los que en él esperan. No añadas a sus palabras, para que no te reprenda, Y seas hallado mentiroso.

La Palabra de Dios no es simplemente una coleccion de palabras de parte de Él, o una manera de comunicar simples ideas, su acción en ti será viva, dinámica y logra transformar por completo tu vida.

Hebreos 4:12 RVR1960

Porque la palabra de Dios es viva y eficaz, y más cortante que toda espada de dos filos; y penetra hasta partir el alma y el espíritu, las coyunturas y los tuétanos, y discierne los pensamientos y las intenciones del corazón.

Su Palabra en ti revela lo que eres y lo que no eres; profundiza hasta el centro de tu propia vida, tanto moral como espiritual. Discierne lo que esta dentro de ti, tanto lo bueno como lo malo. Las exigencias de las Palabras divinas requieren que tomes sabias decisiones. Por lo cual no solo debes oír su Palabra, también debes permitir que ella moldeé tu vida y sea tu alimento diario que te fortalezca. Fue el mismo Señor Jesucristo que dio este ejemplo antes de comenzar su ministerio,

> **La búsqueda y la oración son la forma correcta y natural de entrar en intimidad con el Padre Celestial.**

Continúa orando por tener cada día mas hambre por la Palabra de Dios. Confía plenamente en el Señor que fortalece tu vida espiritual. Cuando tu estas dispuesto a confiar en Él, le conocerás cada día más. Cuando más te sometas a Dios, más podrás resistir toda obra del enemigo y alcanzar plenitud de victoria.

El Ayuno Como Arma Poderosa

Existen hoy muchas ideas erróneas acerca del ayuno, esta es la razón porque debemos saber lo que es un ayuno bíblico. Ayunar no es solo abstinencia de comida durante un período de tiempo. Esto en realidad es pasar hambre, o hacer dieta, esto no es ayunar. Esto no es algo que un grupo de fanáticos religiosos determinan realizar. Tampoco el ayuno es algo que este limitado solo para algunos ministros o predicadores, o para ocasiones especiales. En realidad, el ayuno que nos enseña la Biblia es abstenerse de alimentos con un propósito espiritual, es y será una parte normal de una relación mas íntima con Dios. El Salmista lo expresó de una forma muy clara y en una intensa pasión por la presencia de Dios.

Mi Alma Tiene Se de Dios

Salmos 42 [RVR1960]

¹ Como el ciervo brama por las corrientes de las aguas, Así clama por ti, oh Dios, el alma mía.
² Mi alma tiene sed de Dios, del Dios vivo; ¿Cuándo vendré, y me presentaré delante de Dios?
³ Fueron mis lágrimas mi pan de día y de noche, Mientras me dicen todos los días: ¿Dónde está tu Dios?
⁴ Me acuerdo de estas cosas, y derramo mi alma dentro de mí; De cómo yo fui con la multitud, y la conduje hasta la casa de Dios, Entre voces de alegría y de alabanza del pueblo en fiesta.
⁵ ¿Por qué te abates, oh alma mía, Y te turbas dentro de mí? Espera en Dios; porque aún he de alabarle, Salvación mía y Dios mío.
⁷ Un abismo llama a otro a la voz de tus cascadas; Todas tus ondas y tus olas han pasado sobre mí.

⁸ Pero de día mandará Jehová su misericordia, Y de noche su cántico estará conmigo, Y mi oración al Dios de mi vida.

¹¹ ¿Por qué te abates, oh alma mía, Y por qué te turbas dentro de mí? Espera en Dios; porque aún he de alabarle, Salvación mía y Dios mío.

Asi como la vida de un ciervo depende del agua, nuestra vida depende por completo del río de su presencia para saciar nuestra alma. Los que buscan a Dios y anhelan conocerlo encontrarán la vida eterna. El salmista no descansaría hasta restaurar su relación porque sabía en lo profundo de su ser interior, que su vida dependía de ello.

LA BÚSQUEDA DE DIOS TE LIBRA DE CAER EN DEPRESIÓN

La depresión es uno de los trastornos emocionales más comunes. Una respuesta contundente para la depresión es meditar en la historia de la bondad de Dios con su pueblo. Es evidente que al hacer esto alejara tu mente del asunto que lo agobia y de tu incapacidad para resolverlo y te enfocarás en el poder de Dios para ayudarte. Cuando te sientas deprimido, toma el consejo de este salmo, determinando leer en la Biblia las historias evidentes de la bondad de Dios y medita en ellas. El ayuno te lleva a una genuina e intensa relación mucho más íntima y poderosa con tu amado Señor y Rey eterno. Cuando tu comienzas a eliminar los alimentos de tu alimentación diaria, durante un día o un período de días, tu alma interior y tu espíritu comienza a experimentar liberación de las cosas o influencias de este mundo y te vuelves más sensible al Espíritu de Dios.

En el Salmo 42:3, muestra como David estaba ayunando, su hambre y sed por la presencia de Dios eran mayores que su deseo natural de comer. Esto le permitió llegar a un lugar donde desde lo más profundo de su ser pudo clamar a Dios, en medio de su prueba y batalla espiritual. Cuando tu comiences a experimentar lo más intenso de una viva relación con Dios, el Padre celestial se te será revelado, y través de la sangre de Jesucristo podrás entrar a su presencia. Tu conocimiento de Dios crecerá mientras que todas las perspectiva de la vida cambiarán por completo.

> **De repente en forma sorpresiva descubrirás, que el ayuno es fuente de poder mientras que otros lo desconocen.**

Durante el tiempo que Jesús camino con sus discípulos les enseñó los principios del Reino de Dios; que son por consiguiente contrarios a los principios del mundo, y compartió a las multitudes el mensaje

de "las Bienaventuranzas".
En ellas estableció los principios de cómo un hijo de Dios debería de vivir Él hablo de tres responsabilidades que debería tener cada cristiano. Como ofrendar para agradar a Dios; la forma de orar que es aceptada delante del Padre y el ayuno que ama delante de su presencia.

Hebreos 12:3 ^{TLA}
Piensen en el ejemplo de Jesús. Mucha gente pecadora lo odió y lo hizo sufrir, pero él siguió adelante. Por eso, ustedes no deben rendirse ni desanimarse.

> Cuando Dios por medio del Espíritu Santo, haya puesto en lo más profundo de tu ser su anhelo, solo Él puede hacerlo posible. Necesitas entrar en su presencia mas amenudo y constante. Es Él que te está llamando.

Hebreos 12:3 ^{RVR1960}
Considerad a aquel que sufrió tal contradicción de pecadores contra sí mismo, para que vuestro ánimo no se canse hasta desmayar.

Cuando enfrentas dificultades y desalientos, es muy fácil que pierdas de vista la visión más amplia. Recuerda: ¡no estas solo!, El Espíritu Santo está disponible para darte su pronta ayuda.

El sufrimiento es como el campo de entrenamiento

para alcanzar y desarrollar la madurez en la vida espiritual; eso logra desarrollar paciencia, sabiduría lo cual produce que tu victoria final sea total, como Él lo ha prometido. ¡Gózate en el Señor siempre!

El Ayuno Agradable Delante de Dios

2

El Ayuno es una herramienta espiritual que Dios nos da para preparar nuestra vida. No es que el ayuno le haga cambiar de opinión a Dios, lo que el ayuno hace que nos cambia a nosotros. El estar buscando a Dios en intimidad nos alinea con la voluntad de Dios establecida para nuestras vidas.

> **Necesitas entender sus principios espirituales para recibir lo que Dios te quiere impartir.**

El ayuno te ayuda a entender que tienes que ser transformado para aceptar los diseños Divinos en tu vida. Esto te permite conocerle íntimamente y te capacita para recibir lo que Dios quiere derramar sobre tu vida.

¿De Qué Manera Te Prepara el Ayuno?

Te prepara siendo de ayuda para oír a Dios mientras te mantienes en la oración y lectura de su Palabra.

> **El ayuno te capacita para orar más de lo habitual, también rompe cadenas espirituales y físicas en tu**

vida; es un acto de humillación delante de Dios.

Así como el cuerpo se priva de comida, el alma se humilla delante de Él. Entonces, al humillarte y pedir perdón a Dios en profundo arrepentimiento, comienzan a romperse ataduras y cadenas, haciéndote libre de todo aquello que te había ligado. La Biblia enseña que el que persevera en oración, recibe respuesta.

El buscarle en ayuno te conduce a una mayor búsqueda de Dios.

Te muestra tu condición, tu debilidad, tus equivocaciones o tus malas decisiones, haciéndote entender lo que Él desea para ti, lo que hará esto, es activar sus promesas sobre ti.

El ayuno aumenta la fe para interceder.

Cuando comprendes lo que Jesús dijo que hay géneros que solo salen con oración y ayuno, entonces sabrás que estas orando con las dos herramientas necesarias para recibir lo que Dios quiere hacer para su gloria y honra.

El ayuno te da seguridad y te llena de paz.

Cuando sabes que orando en obediencia a lo que

Dios enseña en su Palabra, y vuelves a orar, al hacerlo varias veces en el día, tu mente se renueva y es transformada para no ver las situaciones negativas ni adversas, sino creer por completo en el poder de Dios, y aprendiendo a descansar al saber que Dios manifestará su gloria en ti.

El ayuno te hace libre de tu autosuficiencia.

Es evidente que el ayuno aumenta tu dependencia de Dios. Al apartarte de comer y de otras cosas, estas dando una señal al reino de las tinieblas que tu vida depende de Dios y que estás dispuesto alinearte con Él en lo que es su voluntad y no en tu voluntad. Cuando Dios ve que no te sientes autosuficiente, sino que estás dispuesto a rendirte por completo a sus pies, es allí donde recuerdas lo que dice su Palabra: "El resiste a los soberbios, pero da gracia a los humildes, hace resplandecer su rostro sobre ti".

El ayuno te da responsabilidad al producir cambios en ti.

Le estas diciendo a Dios que permaneces en la brecha, y en intercesión por tu familia, por tu iglesia, por tu ciudad, y por tu nación. Al estar orando por eso, tu motivo se va convirtiendo en responsabilidad y compromiso, alcanzando el objetivo que es la promesa de Dios.

| El ayuno aumenta en ti, el dominio propio.

Puedes controlar tu búsqueda de autogratificarte, para darle el primer lugar a Dios, cuando pones en orden tus prioridades dando el lugar que le pertenece a Él. Al creer la promesa divina: "Buscad primeramente el reino de Dios y su justicia y todo lo demás te vendrá por añadidura", así lo hará en ti. Tus desavenencias, no siempre son solucionadas; la razón es porque las tratas desde el punto de vista natural. Y no disciernes, que lo que está ocasionando estas situaciones, son en el ámbito espiritual. Déjame decirte, lo visible no mueve lo invisible. Las cosas suceden en el ámbito espiritual y luego se reflejan en lo natural.

| **Hoy más que nunca existe un llamado del Espíritu Santo a la Iglesia del Señor a batallar contra todas las maquinaciones del mundo invisible. Jesús nos da la victoria ya ganada en la cruz del calvario.**

Tu Rompimiento Personal

3

El Ayuno Positivo de Esdras

Esdras 8:21-23,31 RVR1960

²¹ Y publiqué ayuno allí junto al río Ahava, para afligirnos delante de nuestro Dios, para solicitar de él camino derecho para nosotros, y para nuestros niños, y para todos nuestros bienes. ²² Porque tuve verguenza de pedir al rey tropa y gente de a caballo que nos defendiesen del enemigo en el camino; porque habíamos hablado al rey, diciendo: La mano de nuestro Dios es para bien sobre todos los que le buscan; mas su poder y su furor contra todos los que le abandonan. ²³ Ayunamos, pues, y pedimos a nuestro Dios sobre esto, y él nos fue propicio ³¹ Y partimos del río Ahava el doce del mes primero, para ir a Jerusalén; y la mano de nuestro Dios estaba sobre nosotros, y nos libró de mano del enemigo y del acechador en el camino.

En el libro de Esdras se relata su viaje a Babilonia donde estaban los cautivos, para traer de vuelta a Jerusalén los tesoros del templo. Dios lo lleva sano y salvo en su viaje de ida y vuelta a pesar de los cientos de kilómetros de travesía que tenía que realizar, en el cual estaba lleno de asaltantes y ladrones. El secreto de su protección milagrosa fue la decisión de fe, que tomó. En este verso 21 leemos su confianza en Dios, y en el ayuno. Esdras llegó sin sufrir daño a su destino, habiendo recorrido 1.440 km a pie durante casi cuatro meses, junto a su grupo. Oraron a Dios pidiéndole que los protegiera y les diera un buen viaje y el Señor los honró.

En la actualidad, es posible que tus viajes no sean tan difíciles o peligrosos como este, sin embargo, debes de reconocer la necesidad de pedirle a Dios que te pueda guiar y protejer en cada recorrido de tu vida.

Esdras 8:23 NTV
Así que ayunamos y oramos intensamente para que nuestro Dios nos cuidara, y él oyó nuestra oración.

Ayunar y orar preparó espiritualmente a todo el pueblo, y así mostraron su confianza en la protección de Dios, en el que tenía el control de dar protección y fuerzas para realizar el viaje. Cuando dedicas tiempo para poner a Dios en primer lugar en cualquier esfuerzo de tu vida, te estás preparando para cualquier inconveniente que surja.

La oración sincera te alinea correctamente con la voluntad de Dios, produciendo cambios significativos en tu propia vida.

> ¿Cómo puedes aprender a depender de Dios en medio de las dificultades? Por medio del ayuno y la oración.

Hay cuatro etapas importantes que debes poner en práctica. Cada una de éstas son principios para crecer en la disciplina espiritual y en la obediencia.

1. La etapa de la Aceptación,
2. La de la Bendición,
3. La etapa de la Convicción,
4. La Demostración.

En Primer Lugar: Aceptación

Puedes leer que el pasaje comienza diciendo: *"publique ayuno allí junto al río Ahava para afligirnos."*

Este ayuno determinó la profunda fe y la total dedicación a Dios de parte del sacerdote Esdras. ¿Qué es lo que aceptó Esdras? oró por protección de su vida, familia y pueblo. Es importante reconocer primero: ¿cómo es realmente el territorio que vas a transitar? Lo primero que tienes que aceptar, es la realidad. Como he mencionado antes, ésta se puede dividir en dos, la visible y la invisible, o sea lo natural y lo espiritual.

La realidad visible para Esdras, era una parte geográfica de una nación llamada Babilonia. Es interesante saber que ellos se preparaban para un viaje que duraría cuatro meses y sería complicado pasar por lugares que habían grandes peligros y de toda clase de ciudades y personas. Por otro lado, estaba la parte invisible, relacionada con la libertad espiritual de un pueblo que había pasado cautivo 70 años y que ahora debería regresar a Jerusalén.

> **Todo esto tenía que ver nuevamente con el avance de los planes de los diseños y propósitos de Dios en el tiempo profético.**

Es muy importante que cada uno pueda aceptar esa realidad, de lo contrario no podrás enfrentar los retos que tendrás por delante. En medio de esta realidad que estaba frente a ellos. Esdras dice *"Publiqué ayuno".*

> **Debemos tomar autoridad y ver la intervención de Dios que producirá soluciones determinantes y trascendentes, para alcanzar victoria con las dificultades que hay que enfrentar.**

Es importante entender lo que significa la palabra *"publiqué"*. Esta es una palabra que habla de publicar, o sea hacer manifiesto en público, divulgar o pregonar para que todos participen. Lo que publicó fue "*ayuno*". Esto se llevo a cabo por tres días en lo que buscaron a Dios. En algunas ocasiones el ayuno es una reacción por recibir algo importante de parte de Dios, pero más frecuentemente fue hecho para reconocer la proteción del Señor. (Esdras 8:21). El buscar el favor de Dios en tus circunstancias difíciles, acompañado de ayuno y oración es la decisión más sabia que puedes hacer.

En Segundo Lugar: Bendición

Para solicitar de Dios derecho para ti y familia, observaras que el pasaje involucra tres grandes bendiciones.

| Primero está la bendición de la apertura.

Dice: "*delante de Dios, para solicitar de Él.*" La expresión "delante de", significa ante su rostro, tiene que ver con "Él al frente".
Tenemos apertura ante la presencia de Dios, solo Él puede abrir camino delante de nosotros. Por otra parte la expresión "solicitar camino derecho", es en esencia una petición, tiene un carácter reverencial. Es una palabra que denota privilegios y convicción de creer que Dios escucha el clamor de su pueblo.

Es importante que puedas entender que el camino por la que Dios te permite transitar es derecho nunca torcido. Esto implica la condición especial del camino con Dios. Es derecho porque es directo y te lleva al destino verdadero. La intención es caminar derecho para que llegues a la meta que Dios ha puesto delante de ti. Ha sido diseñado para protegerte de equivocaciones, errores y desvíos. Esto tiene que ver con la forma moral de este camino.

> **Basado en estos principios podemos concluir que la cobertura es la actividad de Dios al concedernos un caminar especial, intencional y espiritual.**

Observa que la bendición añade tres diferentes areas de acción. La primera área está relacionada con nosotros. Eso implica personas de la generación de Esdras. Esdras pide camino especial, moral y espiritual para su generación. La segunda área está relacionada con los niños. Esta es la siguiente generación. La que esta creciendo y desarrollándose con fundamentos sólidos y firmes.

> **Debe haber una carga no sólo por la generación presente, sino también por la próxima generación.**

También lo tercero es que oró por la protección de los bienes. El tesoro era de Dios sin embargo ellos debían ser responsables de devolverlo al Templo en Jerusalén, de donde fue saqueado.

> Este concepto está relacionado con los bienes o sea los recursos que posees, que le pertenecen a Dios, entendiendo que te dio la responsabilidad de ser un buen administrador de los bienes del Señor.

En Tercer Lugar: La Convicción

Observemos el vrs. 22 al final, Esdras dice:
ya que le habíamos dicho al rey que la mano de Dios protege a todos los que confían en Él, pero que Dios descarga su poder y su ira contra quienes lo abandonan.

Esdras entiende que por medio del ayuno y la oración Dios estará involucrado en su protección, y eso les daría garantía.

> Este ayuno ayudó a que Esdras y su pueblo comenzarán a desarrollar nuevas convicciones con respecto al carácter de Dios, su poder y autoridad. Él los protegería en el camino, hasta llegar al destino.

En Cuarto Lugar: La Demostración

Y él nos fue propicio: La expresión propicio se puede entender como: favorable, oportuno, es el que está dispuesto a favorecer. Esto significa que Dios estaba a favor del pueblo, tanto que más adelante dice que ellos llegaron a salvo a su destino y pudieron instalarse para comenzar la obra de reconstrucción. Dios siempre demostrará su respaldo a aquellos que quieren y están determinados a humillarse delante de su Presencia Santa, con ayuno y oración. Es la actitud la que Dios usa para poder demostrar su amor, gracia y misericordia con sus hijos.

¿Cómo puedes demostrar que Dios es favorable con la iglesia hoy? Demuestras el poder de Dios cuando reconoces tu propia limitación. Esdras se sintió muy limitado con el viaje y los retos que iba a enfrentar.

> **Demuestras el poder de Dios confiando a pesar de las preocupaciónes. La expresión afligirte es interesante, es mejor afligirte delante de Dios y no que el mundo y sus peligros te aflijan.**

Alcanzando el Favor Divino

4

Siempre que Israel se reunían para librar batalla en contra de sus enemigos, realizaban ayunos pidiendo con súplicas a Dios que les otorgara la victoria.

El Ayuno de Ester

Ester 4:16-17 RVR1960

16 Ve y reúne a todos los judíos que se hallan en Susa, y ayunad por mí, y no comáis ni bebáis en tres días, noche y día; yo también con mis doncellas ayunaré igualmente, y entonces entraré a ver al rey, aunque no sea conforme a la ley; y si perezco, que perezca. 17 Entonces Mardoqueo fue, e hizo conforme a todo lo que le mandó Ester.

Quiero que observes la importancia de un ayuno nacional, el cual se llevó a cabo por todos los judíos esparcidos por todo el mundo persa. Al unirse en un solo propósito alcanzaron gracia y favor ante el Rey Asuero y ante su Dios Jehová. Eso fue lo que los libró de una aniquilación total. Es evidente que igual que en los días de Ester, hoy el enemigo sigue maquinando destrucción, contra el verdadero pueblo del Señor.

> Es necesario que entiendas que el permanecer en la presencia de Dios en clamor te da la victoria que necesitas.

Es necesario recordar que el pueblo judío había sido tomado cautivo por el pueblo persa. El Rey Asuero estaba realizando una fiesta en su palacio, encontrándose en lo mejor de la fiesta, con el corazón alegre por el mucho vino y la influencia de sus magistrados, mandó a llamar a su esposa la reina Vasti. Ella no aceptó la invitación en ese momento, rechazando al Rey y su corte. Por lo cual este, toma la decisión de quitarla del trono y buscarse a otra que ocupara su lugar. En esta ciudad se encontraba un hombre llamado Mardoqueo, con su sobrina Hadasa, la cual él había adoptado después de que los padres murieran. La huérfana judía, era aparentemente insignificante, sin ninguno porvenir. El libro de Ester revela la manera como Dios, define el destino de cualquier persona que esté dispuesto a creerle a Él. Ester mantuvo fielmente su sentido de perspectiva y su integridad, gracias a los consejos de Mardoqueo. El nombre Hadasa en hebreo, significa *Mirto*; esto tiene que ver con una bella planta muy conocida en esas tierras. Ella reflejaba su valor y obediencia, los cuales obviamente no se marchitaron siquiera cuando confrontó el edicto de muerte hacia su pueblo.

Cuando salió el edicto del rey que toda joven del reino se presentara al palacio, Mardoqueo aconseja a Jadasa que lo haga. Mardoqueo le cambia su nombre por Ester, para que nadie en la corte sospeche que ella es judía. Ester en el idioma persa significa, "Estrella".

Mientras tanto Amán el agaita planificaba como alcanzar privilegios y poder delante del Rey, para realizar su maléfico plan. Estaba llegando el tiempo en que Amán fue puesto por encima de los demás príncipes. Era costumbre entre ellos cuando uno era exaltado, los demás le tenían que rendir pleitesía, como si fuese el mismo rey, mientras que Mardoqueo, un hombre temeroso de Dios, no quiso inclinar su rostro ni doblar sus rodillas ante Amán.

> **Esta actitud de Mardoqueo lleno de ira a Amán y procuró destruirlo no solo a él sino a todos los judíos que vivían en el reino.**

Aquí es cuando empieza todo; Amán logra que el rey firme y selle un edicto donde le da total poder y autoridad. Mardoqueo pide rápidamente entrevistarse con Ester, que hasta este momento no había aun sido coronada como reina y le pide un favor.

Mardoqueo sabe que ella es una pieza clave delante del rey. Cuando Mardoqueo recibe la respuesta de Ester acerca de que era imposible entrar en la presencia del rey sin recibir el permiso de la invitación propicia, (por causa de las leyes del protocolo persa), Mardoqueo le recuerda que ella también es judía, y ¿quién sabe si para cuando se cumpla la orden de aniquilar a los judíos ella ya ha llegado al trono? Estas palabras a Ester le abren los ojos y toma una decisión, *"Entrar en la presencia del rey Asuero sin invitación, pase lo que pase"*.

Ester decide hacerlo y solo el favor de Dios hace que no fuera condenada a muerte. El rey Asuero le extiende su cetro y escucha su petición.

La Decisión Que Determina Ester. ¿Por Qué Hacer un Ayuno?

La respuesta de Ester al llamado de Mardoqueo para que reconociera la mano de Dios en su ascensión al trono es por causa de su fe en su Dios, no en su belleza, eso la convirtió en reina. Ester había escuchado del poder de Dios con respeto a la oración y el ayuno congregacional. Reconocía la realidad del dominio espiritual y de los recursos del Espíritu de Dios frente al enemigo. Su inamovible y perseverante deseo de arriesgar su propia vida por otros, la llevo a ser una heroína para el pueblo judío. Para entender la razón por la cual Ester llevó al pueblo ayunar, hay que saber el concepto espiritual que los isarelitas tenían. El ayuno en sí no está descrito como una orden en la Ley de Moisés, sin embargo, se encuentra la expresión, *"afligiréis vuestras almas"* (Levítico 16). El ayuno es la decisión de abstenerse de tomar alimento durante un período de tiempo para buscar la respuesta de Dios.

> **La orden de Ester de que todo el pueblo por tres días ayunara fue inspirado por Dios mismo, eso dio la victoria.**

Ella entendió que no debía hacerlo sola, era el pueblo entero que estaba en peligro, todos debían de ayunar. Una de las cosas más importante en este pasaje es ver la profunda convicción que había en Ester.

Ester Invita al Rey y a Amán a un Banquete

Ester 5:1-3 [RVR1960]

¹Aconteció que al tercer día se vistió Ester su vestido real, enfrente del aposento del rey; y estaba el rey sentado en su trono en el aposento real, enfrente de la puerta del aposento. ²Y cuando vio a la reina Ester que estaba en el patio, ella obtuvo gracia ante sus ojos; y el rey extendió a Ester el cetro de oro que tenía en la mano. Entonces vino Ester y tocó la punta del cetro. ³Dijo el rey: ¿Qué tienes, reina Ester, y cuál es tu petición? Hasta la mitad del reino se te dará.

El cetro real era símbolo de poder. Cuando el rey extendía el cetro, estaba manifestando gracia y favor. Cuando Ester tocó el extremo del cetro, acepto agradecida el favor que le ofrecía el rey.

> **Nosotros podemos dirigir peticiones, clamor y oraciones a nuestro Dios sobre la base de la invitación que Él nos ofrece. Nuestro Rey extiende el cetro de su poder y autoridad sobre nosotros, por que hemos hallado gracia al entrar a su presencia.**

Hebreos 4:16 [RVR1960]
Acerquémonos, pues, confiadamente al trono de la gracia, para alcanzar misericordia y hallar gracia para el oportuno socorro.

Acércate sin ninguna reserva, con sinceridad y transparencia, confiadamente, presentándote ante el trono de su gracia, para obtener misericordia por lo pasado y gracia abundante por el presente y el futuro.

> Este es un tiempo nuevo y profético que hallarás favor ante el Rey, no decistas y continúa sin desmayar.

El Alimentarte en Dios Te Hace Fuerte

5

Mateo 5:6 RVR1960

Bienaventurados los que tienen hambre y sed de justicia, porque ellos serán saciados.

Jesús inicia sus enseñanzas en público sentado en la cima de una montaña, en ella anuncia como los hombres pueden ser felices en esta vida. Comienza con la palabra *"bienaventurados"*, en griego es /makarios/, que proviene de la raíz *mak*, que indica: algo grande de larga duración, denota felicidad, alguien muy bendecido, digno de ser congratulado. Es una palabra de gracia que expresa un regocijo y una satisfacción especial, concedidos a la persona que experimenta la salvación.

Cuando dentro de ti comienza a despertarse el hambre por la Palabra de Dios, empiezas alimentarte de Dios directamente. Solo el Espíritu Santo puede saciar tu alma y espíritu, en lo cual la palabra viva, produce salud a tu mente y pureza a tu corazón.

Te invito a observar este ejemplo, Job fue un hombre muy probado en su fe, pero puedes leer declaraciones poderosas cuando confiesa en Job 23:12. *Del mandamiento de sus labios nunca me separé; Guardé las palabras de su boca más que mi comida.*

Este es un tiempo muy específico para que puedas alimentarte responsablemente de la Palabra de Dios. Muchas veces es preferible dejar con hambre a tu carne para poder alimentar tu espíritu a través de la palabra. Jesús se refiere a eso cuando realizó su ayuno.

Mateo 4:4 RVR1960
El respondió y dijo: Escrito está: No sólo de pan vivirá el hombre, sino de toda palabra que sale de la boca de Dios

La Palabra de Dios enseña que no solo el cuerpo necesita alimentarse, sino que también el ser interior. Este es diferente al físico, pues al ser espiritual se alimenta mientras escuchas o meditas la Palabra.

> Así como tu cuerpo físico requiere buen alimento, también tu ser interior necesita alimento espiritual.

Si no comes a tus horas comenzarás a desfallecer y no estarás listo para emprender los desafíos de la vida cotidiana. De la misma manera, sin el alimento

El Alimentarte en Dios Te Hacer Fuerte

espiritual sano, tu ser interior se debilita y cuando viene la prueba, puedes ceder a la tentación. En Isaías 55 habla de los sedientos de las cosas espirituales, ...*A todos los sedientos: Venid a las aguas; y los que no tienen dinero, venid, comprad y comed. Venid, comprad sin dinero y sin precio, vino y leche. ¿Por qué gastáis el dinero en lo que no es pan, y vuestro trabajo en lo que no sacia? Oídme atentamente, y comed del bien, y se deleitará vuestra alma con grosura.*

La comida cuesta dinero, dura poco tiempo y solo satisface necesidades físicas, pero Dios te ofrece alimento que nutre el alma y fortalece el espíritu. ¿Cómo puedes obtenerlo? Debes acudir, escuchar, buscar y llamar a Dios.

> **Cuando tu estas decidido a que se desarrolle dentro de ti más hambre por las cosas intensas y profundas de Dios, sin lugar a duda que Él te lo dará.**

Es muy notorio que las personas que están con hambre de Dios, tienen desesperación por saciarse del amor de Dios. Eso hace que cambien la apatía que muchos tienen, porque no estan dispuestos a adaptarse a las ambigüedades sino mas bien han determinado quedarse en la presencia de Dios saciando su hambre espiritual.

Algunos de los profetas del pasado, como un acto profético tuvieron literalmente que comer los rollos de Dios. Eso era como una señal para nosotros de la importancia de satisfacer nuestra alma con la palabra revelada en nuestro interior.

Ezequiel 3:1-3 [RVR1960]
Me dijo: Hijo de hombre, come lo que hallas; come este rollo, y ve y habla a la casa de Israel. Y abrí mi boca, y me hizo comer aquel rollo. Y me dijo: Hijo de hombre, alimenta tu vientre, y llena tus entrañas de este rollo que yo te doy. Y lo comí, y fue en mi boca dulce como miel.

En su visión, Ezequiel se comio el mensaje de Dios. Al hacerlo, se dio cuenta de que este alimento espiritual no solamente era bueno para él, sino que también era dulce como la miel.

Si tu te alimentas de la Palabra de Dios descubrirás que estaras siendo fortalecido en tu fe y que su sabiduría será manifiesta en tu vida.

Para Jesús el tiempo de la cena es importante.

Jesús quiere cenar contigo. ¿Porqué? La cena es un tiempo de conversar y estar quietos aprovechando la llegada de la noche, donde su presencia te da calma y puedes reflexionar de los quehaceres que realizaste todo ese día desde que amaneció. Ahí es que te enfocarás determinantemente en lo importante que hiciste. En esos momentos recapacitarás, las perdidas de tiempo y los grandes logros; entendiendo que estar conversando con Él al final del día es lo más beneficioso que pudiste hacer después de un día de mucho afán.

Apocalipsis 3:20 RVR1960
He aquí, yo estoy a la puerta y llamo; si alguno oye mi voz y abre la puerta, entraré a él, y cenaré con él, y él conmigo.

Es de entender que la Iglesia de Laodicea era rica y autosuficiente. Se sentía satisfecha de sí misma, pero no contaba con la presencia de Cristo. Él llamaba a la puerta de sus corazones, pero ellos estaban tan ocupados disfrutando de los placeres del mundo que ni se daban cuenta de que Jesús intentaba entrar. El dinero, seguridad, bienes materiales pueden ser peligrosos porque la satisfaccion temporal que ofrecen, te pueden hacer volver indiferente a la satisfacción del alma. Muchos cristianos hoy por estar mal nutridos de la Palabra, y siendo mal alimentados de todo lo que el entretenimiento les ofrece con sus dañinas influencias, viven en derrota y frustración debilitados espiritualmente.

Sigue el consejo de Salomón que dice:

Proverbios 3:6 [RVR1960]
"Reconócelo en todos tus caminos, Y él enderezará tus veredas. No seas sabio en tu propia opinión; Temé a Jehová, y apártate del mal"

Recuerda que, para recibir la dirección de Dios, debes buscar siempre su voluntad en todo lo que hagas. Esto significa entregarle a Él toda tu vida. Jesús afirmó esta misma verdad, de buscar el Reino de Dios, por encima de todo lo demás que te rodea. Esto tiene que ver en darle a Él el primer lugar, saturando tus pensamientos en el conocimiento de su Palabra, sirviéndole y obedeciéndole en todo.

¿Qué es lo mas importante para ti? Las personas, los bienes materiales, las metas y otros deseos se establecen sobre ti para ser la prioridad. Cualquiera de estos podría rápidamente convertirse en lo mas importante para ti, sino determinas y decides responsablemente darle a Dios el primer lugar en cada área de tu vida.

Si tu descubres que eres indiferente a la Iglesia, Dios o la Biblia, o ya has comenzado a excluir a Dios en tu propia vida. Recuerda que solo Jesucristo es tu única esperanza de satisfacción duradera.

| Jesucristo llama a la puerta de tu corazón porque

quieres tener una continua comunión contigo.

Él es paciente y persistente en su intento de lograr comunicarse contigo, nunca se impone, siempre el llama. Te permite decidir si le entregas o no tu vida. ¿Decidiste abrirle la puerta y pasar rato con Él?

Estuviste dispuesto a dejarlo pasar a tu vida, a pesar de que los demás te invitaran a pasar un tiempo de entretenimiento o diversión. Tú escogistes estar a solas con Jesús. Anhelabas desesperadamente su presencia, te hacía falta buscarle, y oír su voz hablándote.

Es importante entender que la búsqueda te da cada vez más hambre y sed de su presencia. ¡Esta es una gran verdad!, la comunión con Dios hay que desarrollarla en la intimidad. Esto te llevará a crecer y fortalecer tu fe, algo tan importante en los días en que vivimos.

Los tiempos con Dios no son de perdida sino de ganacia.

La fe depositada en Dios nunca te hará quedar en el fracaso, para que termines lamentándote en una condición de sequedad y muerte espiritual. ¡No! es hora de levantarte y comenzar a marchar, avanzando en fe, ¡no te puedes detener!

Cuando estés en medio de una batalla espiritual no te puedes paralizar, tienes que seguir en tu avance no poniendo tus ojos en lo que te rodea ni en ti mismo, sino solo en el autor y consumador de la fe Jesucristo, quien te dice: "no temas, confía plenamente en mí."

> **Nada agrada a Dios tanto, como el mantenerte firme en la fe en todo lo que Él es y ha prometido en su Palabra.**

Pídele a Dios cada día, que corrija cada área de tu vida. Cuando tú dejas que las áreas pequeñas de tu vida las tome para ser el primer lugar en tu vida, esto te llevará a gozar una vida espiritual victoriosa. Nunca permitas que tus preocupaciones acerca del futuro te afecten en tu relación con Dios en el presente, esta actitud te dará estabilidad y firmeza para entender que Él cuida de ti hoy y siempre.

El Hambre por Dios y la Fe Van Unidos

6

Jesús en una ocasión anunció: ...*Yo soy el Camino.* La palabra griega para *camino* significa: una "carretera: sendero habitual; recorrido de viaje. Dentro del contexto de Juan 14:6, Jesús se declara a sí mismo ser el camino al Padre refiriéndose que nadie puede llegar al trono de Dios, si no a través de Él.

Hebreos 9 nos dice que a través de su propia sangre Jesucristo abrió el camino y entró al Lugar Santísimo, rompiendo el velo de separación que había entre el hombre y Dios.

| Jesús hizo posible el camino que nos lleva a la presencia de Dios, y nosotros debemos seguirlo.

¿Has podido pensar por un momento lo que fué y significo para Adán y Eva haber caminado con Dios en la quietud y hermosura del Huerto del Edén? Es inconcebible que ellos prefirieran renunciar quivocadamente a ese tal alto honor como es su presencia, por algo de comer. Por tal razón Dios proveyó otro camino para poder llegar a su presencia. Jesucristo es el Camino, el curso de viaje cada momento del día para el cristiano. Es interesante que la comunión en la oración te prepara el camino para poder comunicarte y hablar abiertamente con Dios, para poder recibir sus revelaciones, comprender sus diseños y tener entendimiento para activarnos en sus propósitos.

Tienes que estar dispuesto a caminar con Dios, y ser libre por completo de las tradiciones y rutinas religiosas que intentan de una u otra manera apártate del camino derecho.

El hambre por las cosas de Dios y la fe van unidos

Marcos 7:25-28 RVR1960

Porque una mujer, cuya hija tenía un espíritu inmundo, luego que oyó de él, vino y se postró a sus pies. La mujer era griega, y sirofenicia de nación; y le rogaba que echase fuera de su hija al demonio. Pero Jesús le dijo: Deja primero que se sacien los hijos, porque no está bien tomar el pan de los hijos y echarlo a los perrillos. Respondió ella y le dijo: Sí, Señor; pero aun los perrillos, debajo de la mesa, comen de las migajas de los hijos.

Jesús pudo encontrar ese tipo de hambre cuando llego a Tiro y Sidón, en una mujer que tenía una hija, la cual estaba poseída y atormentada por un demonio. Cuando esta madre escuchó que Jesús

El Hambre por Dios y la Fe Van Unidos

estaba cerca en donde ella vivía, a pesar de sus dificultades de raza, a ella no le importó porque tenía gran necesidad, y su fe fue persistente, aun cuando lo que escucho de Jesús la hubiere desalentado por completo. Jesús le dijo: *el pan es para los hijos de casa de Israel.* A pesar de todo esto ella tenía suficiente hambre, a tal punto de pedir que le permitiera comer siquiera las migajas que cayeran de la mesa. Es interesante esta escena, porque mientras muchos de los mismos hijos que estaban sentados a la mesa, no habían demostrado tener tanta hambre como lo tenía esta madre. Por eso Jesús honró esta a la mujer sinofenicia y su petición especial. Su hija fue sanada debido, a la perseverancia de ella.

> **Es muy importante poder notar que toda persona que tiene hambre es una persona desesperada, porque tiene hambre para recibir más de Dios.**

Esta dispuesta a seguir avanzando y caminando, para tener más de la presencia de Él, más de su poder para que las situaciones sean transformadas.

Recordemos otro hecho: Esta hambre fue avivada en el corazón de un centurión gentil en Cesárea, que ayunaba y oraba delante de Dios continuamente, que daba generosamente a los pobres. Aunque él y su familia eran gentiles había decidido caminar con el Señor, esta era la razón por que él y su casa temían fervientemente a Dios, dispuestos a servirle cada día.

Uno de esos días que Cornelio estaba ayunando y orando, un ángel descendió a él con un mensaje diciéndole: *Tus oraciones y tus limosnas han subido para memoria delante de Dios* (Hechos 10:4), luego que el ángel le dio instrucciones específicas, de que enviara a buscar a Pedro que estaba en Jope, ciudad portuaria. Pedro también estaba ayunando cuando vio una visión, en la cual veía muchos alimentos que eran inmundos e impuros para los judíos. Él estaba impactado por esa visión, y mientras Dios le estaba hablando, llegaron los mensajeros que había enviado Cornelio. Al ir con ellos, al día siguiente y ver el hambre que había en el corazón de este hombre, Pedro pudo comprender claramente lo que significaba la visión que había tenido y es que el evangelio debía ser predicado también a los gentiles. Fue evidente que mientras compartía el mensaje con la familia de Cornelio, el Espíritu Santo descendió en la casa y todos fueron bautizados en el Espíritu Santo.

> **Cuando tú tienes hambre por Dios mismo, Él te llena por completo.**

En este día, Dios te está hablando, diciéndote: Estoy buscando a alguien que esté dispuesto más que solamente presentarse delante de mí, que tenga hambre de lo que yo quiero depositar en él o en ella. Hoy por hoy Dios te está hablando diciéndo: "Estoy buscando a alguien de mis hijos/as que quieran recibir de mí, que tenga hambre desesperada de lo que yo quiero hacer y derramar."

Este es un nuevo tiempo para ti para que puedas experimentar una mayor rendición, bajo la unción de su poder, mientras continúas abandonando los deseos de tu vieja naturalez con sus apetitos y deseos, y comienzas a caminar en esta nueva oportunidad de poder conocer más íntimamente a tu Señor.

Entendiendo la Comunión Con tu Padre Celestial

7

Salmo 139.1-14 RVR1960

¹ Oh Jehová, tú me has examinado y conocido. ² Tú has conocido mi sentarme y mi levantarme; has entendido desde lejos mis pensamientos. ³ Has escudriñado mi andar y mi reposo, y todos mis caminos te son conocidos. ⁴ Pues aún no está la palabra en mi lengua, y he aquí, oh Jehová, tú la sabes toda. ⁵ Detrás y delante me rodeaste, y sobre mí pusiste tu mano. ⁶ Tal conocimiento es demasiado maravilloso para mí; alto es, no lo puedo comprender. ⁷ ¿A dónde me iré de tu Espíritu? ¿Y a dónde huiré de tu presencia? ⁸ Si subiere a los cielos, allí estás tú; y si en el Seol hiciere mi estrado, he aquí, allí tú estás. ⁹ Si tomare las alas del alba y habitare en el extremo del mar, ¹⁰ aun allí me guiará tu mano, y me asirá tu diestra. ¹¹ Si dijere: ciertamente las tinieblas me encubrirán; aun la noche resplandecerá alrededor de mí. ¹² Aun las tinieblas no encubren de ti, y la noche resplandece como el día; lo mismo te son las tinieblas que la luz. ¹³ Porque tú formaste mis entrañas; tú me hiciste en el vientre de mi madre. ¹⁴ Te alabaré; porque formidables, maravillosas son tus obras; estoy maravillado, y mi alma lo sabe muy bien.

Dios todo lo ve, todo lo sabe, todo lo puede y esta en todo lugar. El nos conoce, esta con nosotros y su mejor regalo es permitirnos conocerlo. A veces no permitimos que otras personas nos conozcan a fondo porque tenemos miedo o temor de que descubran algo acerca de nosotros mismos que a ellos no les agrade.

En cuanto a Dios, el ya conoce todo acerca de cada uno de aquellos que se acercan a su presencia, incluso el número de lo cabellos que cada persona tiene, (Mateo 10:38) y con todo esto Él te acepta y te ama tal como eres. Dios esta contigo en toda situación y en toda prueba, solo el tiene el poder para protegerte, amarte y cuidarte. Él te conoce y te ama en plenitud.

Cuando leemos el Salmo 139, vemos la revelación tan profunda y evidente de la paternidad de Dios hacia el ser humano. Lo primero expresado es: *"Yo te he examinado y te he conocido"*, en esta frase vemos una posición de relación; el examinar implica el conocimiento de cada uno de nuestros pensamientos, y significa que Él escudriña cada intención de nuestro corazón. Cuando nos acercamos a Él, como hijos/as, Él nos contempla como Padre en ese momento, por consiguiente, no hay una parte de nuestra alma que Él no pueda mirar y conocer.

Lo primero que debemos entender, es que el Padre Eterno quiere darnos una revelación, no solo como Dios, sino como Padre protector y conocedor de todo nuestro ser, al expresar: *"Yo examino todo tu ser y te conozco"*. David también le expresa:*" Tú me has examinado, has conocido mi sentarme y mi levantarme"*

Esto te demuestra que nada le es encubierto, y que hay un Padre Eterno en el cielo que, diariamente, observa cada movimiento que hacemos en la tierra. No hay un solo pensamiento que corra por nuestra mente y que escape de su mirada omnisciente. Tampoco hay una palabra que pensemos que Él no la puede escuchar. Él nos examina, conoce cuándo nos levantamos y nos acostamos, cremos que: *"has entendido desde lejos mis pensamientos".*

Él está en los cielos, más allá de la luna, del sol, de las estrellas. Allí donde es el trono de su gloria no hay límites. Su trono, su majestad y su gloria están en la inmensidad del tercer cielo; la distancia es incontable, no la podemos medir, pero desde esa distancia, en su omnipresencia, (característica de nuestro Padre Eterno) Él puede leer cada mínimo pensamiento de nuestra mente.

La relación de Padre Celestial es mucho más profunda, determinante y reveladora, que la relación de nosotros como padres con nuestros propios hijos. - ...Puede que tú no me conozcas, dice tu Padre Eterno, -...pero yo si te conozco a ti, lo sé todo, sé cuándo me invocas y cuándo no me invocas, cuándo me buscas y cuándo no me buscas, cuándo tienes hambre de mi relación y mi presencia, y cuándo no la tienes". *"Aún los cabellos de tu cabeza los tengo contados, porque tú eres mi hijo.*

"Yo soy tu Padre". Inclusive, escucharás a Dios decir: "tú eres mi descendencia, porque eres parte de mi creación; te conocí antes de que fueras concebido por tu madre, porque yo soy tu Padre, que te he creado antes de la fundación del mundo. No puedes admitir, en ningún momento, que Satanás te hable a la mente frases, tales como: "tú no sirves" o "no eres nada", ¡cuidado! antes de que tus padres te concibieran, Dios ya te estaba viendo en la escena futura del mundo.

No le permitas al diablo que juegue con tus pensamientos, porque en el Salmo 139.15-16 [RVR1960] dice: *"15 No fue encubierto de ti mi cuerpo, bien que en oculto fui formado, y entretejido en lo más profundo de la tierra. 16 Mi embrión vieron tus ojos, y en tu libro estaban escritas todas aquellas cosas que fueron luego formadas, sin faltar una de ellas".*

¿Le has dado gracias a Dios, alguna vez, por haberte formado y cuidado? Lo que Dios te quiere expresar, por medio de este Salmo, es que ni tú ni yo fuimos un error, porque todos tus días están escritos en el libro de su presencia.

Escucha a Dios decirte: "tú eres un propósito en mis manos divinas, te formé, te di vida, te hice respirar; por lo tanto, tú no eres producto de la casualidad. Tú eres un propósito de mis manos, con diseño eterno para que ejecutar planes divinos en ti. Somos hombres y mujeres creados con un propósito de destino profético para una hora profética.

Esto es lo que Dios quiere revelarte en esta hora. Debes confesar que eres elegido para el servicio de Dios, pues Él te ha llamado como hijo suyo.

Recuerda que tus días están escritos en el libro de la vida; te encuentras con esta revelación cuando Dios te dice: "Yo he determinado el tiempo exacto de tu nacimiento, dónde vivirás el resto de tus días y lo que yo haré a través de ti". La relación de identidad de cada persona, como hijo/a, con el Padre, está siendo bien delineada en el Salmo 139.14 cuando Dios te dice claramente: *"tú has sido creado de forma maravillosa"*.

Es evidente que el carácter y soberanía de Dios se refleja en la creación de cada persona. Si en algún momento llegas a pensar que no vales nada o incluso comienzas a rechazarte a ti mismo, recuerda que el Espiritu Santo esta dispuesto a manifestarse en tu vida, para hacerte entender que debes comprender el valor que tu tienes ante el mismo Dios creador.

Hay gente que tiene su autoestima y emociones destruidas, sus sentimientos desintegrados, en esas circunstancias difíciles el enemigo aprovecha hablar cosas al oído para desanimar. Mas cuando desechas los pensamientos del alma cargada y dejas que las alabanzas y la palabra te ministres te levantas en fe. Dios que te dice: *"en el vientre de tu madre yo te formé"*, en ese momento, esa palabra entra en tu espíritu y te afirmas tanto, que te dices a ti mismo: "tengo eternidad, tengo vida, tengo victoria por medio de Cristo Jesús, Señor Nuestro".

También el Salmo 71:6 dice: *En ti he sido sustentado desde el vientre; de las entrañas de mi madre tú fuiste el que me sacó; de ti será siempre mi alabanza.*

Vas a oír a Dios decirte: "mi deseo es simplemente derramar mi amor en ti, porque te amo, porque deseo tener una amistad contigo, porque tú eres mi hijo, y yo soy tu Padre. No hay nada de ti que no conozca". A partir de ese momento, es cuando debes anhelar, fervientemente, una verdadera y reveladora relación con Dios como tu Padre Celestial, solo por medio de esta íntima comunión conocerás el amor ágape.

Salmo 139:23-24 [NTV]
Examiname, oh Dios, y reconoce mi corazón, pruébame y conoce los pensamientos que me inquietan. Señalame cualquier cosa en mi que te ofenda y guíame por el camino de la vida eterna.

David le pidió a Dios que examinara su vida, tan profundamente como lo es el pensamiento par que sea revelado su pecado. Esto es algo asi como una radiografía espiritual.

> **Haz de este pasaje tu oración personal, si le pides a Dios que examine tus pensamientos, tu corazón y que te revele tu pecado, andaras por el camino agradable que te conducirá a la vida eterna.**

El Refugio Está en lo Secreto de Su Presencia

8

Quiero referirme en este capitulo especifico a la importancia de lo que es estar en el *secreto de Dios.*

Salmos 91:1
El que habita al abrigo del Altisimo morara bajo la sombra del Omnipotente.

Dios te brinda un lugar secreto en el cual econtraras la paz y la seguridad que solo El pueda darte, no representa necesariamente un espacio físico, sino mas bien uno espiritual donde su presencia te brinda la fortaleza para vencer todas las preocupaciones y cargas.

Cuando oras y te mantienes firme en la búsqueda de los caminos del Señor, estas habitando al abrigo del Altisimo, es decir haciendo de tu hogar su lugar secreto.

Es de entender que para que ese lugar secreto se pueda convertir en tu morada, debe haber un sentido de permanencia en el tiempo. Si solo acudes al lugar secreto cuando te atrapa una circunstancia apremiante, no podrias afirmar que vive en él.

Sin embargo, si decides permanecer en oración constante, seras digno de acceder a ese lugar secreto de comunión y revelación. Entenderas que el resultado final de entrar en el lugar secreto, poder gozar del privilegio de vivir bajo la sombra del Omnipotente.

Son varias las veces que el término secreto se encuentra en la Palabra. Vemos que David desde jovencito en la soledad del campo cuidando las ovejas de su padre, aprendió a confiar en Dios. Fue en esos momentos que obtuvo la inspiración divina para escribir los profundos Salmos profético que tanto nos edifican

Salmos 31:20 RVR1960

En lo secreto de tu presencia los esconderás de la conspiración del hombre; Los pondrás en un tabernáculo a cubierto de contención de lenguas.

El profeta Isaías también conocía el lugar íntimo con el Señor. Alli a solas con Dios nos da los tesoros de sus secretos que han sido muy guardados.

Isaías 45:3 RVR1960

Y te daré los tesoros escondidos, y los secretos muy guardados, para que sepas que yo soy Jehová, el

Dios de Israel, que te pongo nombre.

Jesús afirmó esa idea en varias oportunidades:

Mateo 6:6 ^{RVR1960}
Mas tú, cuando ores, entra en tu aposento, y cerrada la puerta, ora a tu Padre que está en secreto; y tu Padre que ve en lo secreto te recompensará en público.

Al escuchar la palabra "secreto" debería despertarse dentro de lo más profundo de tu ser un deseo ardiente por conocer a lo que Dios llama *secreto,* no solo saber lo que significa sino entrar en ese nivel de búsqueda en su presencia. Secreto implica que son cosas ocultas y de vital importancia en todas las esferas, dentro del ámbito espiritual que Dios anhela que vivamos.

Dios Quiere Tener Comunión con Nosotros

Al leer la Biblia podrás estudiar acerca de lo que el Señor habla y revela con relación a la palabra secreto y poder entrar en ese lugar. Es impactante cuando el mismo Señor enseñó diciendo: *y tu Padre que te ve en secreto,* ...esto tiene que ver con un nivel de intimidad, una intensa relación con Dios.

¿Qué Significa Esto?

Esto no es pasar un tiempo superficial, ni estar apurado y salir corriendo porque hay mucho que hacer, sino que es estar tiempo con Él, en forma perseverante dando señal de que tienes hambre y sed de su presencia.

El salmista dijo:

Salmo 5:3 NTV
Señor, escucha mi voz por la mañana; cada mañana llevo a ti mis peticiones y quedo a la espera.

Tener una relación íntima en lo secreto de Dios se encuentra en orar fervientemente a Él cada mañana, donde puedes encomendarle el día en sus manos. La comunicación constante es buena y correcta para mantener una estrecha amistad y verdaderamente esta es necesaria para tener una relación perseverante con Dios.

¿Qué tan ocupado puedes estar que pasas, días, semanas y hasta meses sin hablar con tu Señor? Es determinante entender que en el secreto puedes hablarle de lo más profundo de tu corazón, aquél que conoce absolutamente todo acerca de ti, pues solo Él sabe todo lo que necesitas antes de pronunciar palabra alguna. Sabes que Dios desea oír tu voz en los cielos, que suba como olor fragante, cual incienso hacia su mismo trono. Permite que el Espíritu Santo esté ministrando a tu vida con esta palabra, y te decidas a entrar en lo secreto con Dios. ¿Te has puesto a pensar qué es estar en el secreto de Dios? Hay una variación del término secreto, y aparece en un salmo de David.

Salmos 51:6 RVR1960
He aquí tu amas la verdad en lo íntimo y en lo secreto me has hecho comprender sabiduría.

Dios no está interesado en lo que tú has sido superficialmente, David deseaba la verdad en lo interior de su vida. Cuando estas en lo secreto nada puedes aparentar, ni esconder, te has acercado a Él, por lo tanto, debes amar y vivir en la verdad, porque el conocerla te hará libre por completo del engaño.

"El secreto de Dios" significa esa actitud de mantenerse cerca, en una relación de quietud íntima, tan cercana que puedes escuchar suavemente el susurro de Dios, como un silbo apacible a igual que lo escuchó el profeta Elías. En realidad, el término no necesariamente se refiere a un "tiempo devocional" sino a una "vida devocional".

Es importante entender que estar en "el secreto de Dios" no es un punto más de tu agenda que debes cumplir el día. Es la necesidad y anhelo profundo de estar con alguien tan especial porque le amas intensamente, porque no puedes estar sin Él, y porque al estar en esa presencia divina, el que saldrá beneficiado serás tú, porque al estar en su secreto, te transformará en un verdadero y genuino cristiano.

¿Te has preguntado quién puede estar en el secreto de Dios?

"Porque ¿quién estuvo en el secreto de Jehová, y vio, y oyó su palabra? ¿Quién estuvo atento a su palabra, y la oyó?"

Jeremías 23:18 [RVR1960]
Pero si ellos hubieran estado en mi secreto, habrían hecho oír mis palabras a mi pueblo, y lo habrían hecho volver de su mal camino, y de la maldad de sus obras.

Jeremías 23:22 [RVR1960]
Esto significa que Dios esperaba de sus profetas tuvieran la capacidad de permanecer en su "secreto" para oír su voz, y hablar la verdad de Dios al pueblo.

Lo complicado de estos profetas era el hecho que no era que se quedaran sin mensaje, sino que ellos seguían diciendo cosas para el pueblo, que Dios jamás había hablado. Lo importante en estos tiempos, es ver tantos ministerios que no dan testimonio de vivir en el secreto de Dios, porque lo que hablan y manifiestan lo hacen de sus propios pensamientos.

No se puede asumir posiciones de autoridad espiritual sin estar dispuesto a desarrollar la disciplina y el hambre de buscar de Dios en lo "secreto".

Este es un llamado para todos aquellos que se han determinado hacer lo que Dios ha ordenado, y han dispuesto ha seguir sus instrucciones. Teniéndo siempre presente lo que Dios ha hablado en su Palabra. Haz todas las cosas, conforme al modelo que te ha sido dado. Recibir instrucciones de alguien personalmente, es decir también tener una connotación o raíz de la palabra en lo secreto.

Unas de las características importante de hacer la obra de Dios en forma obediente y fiel, es el resultado de estar en lo secreto con Dios. Todos aquellos que ha sido llamado para servir a Dios, deben estar en el secreto de Dios. Es muy peligroso hacer el plan de Dios, con las propias fuerzas, dependiendo de la habilidad y sabiduría humana.

Si vuelves a su secreto, vuelves a su presencia.

Solo allí encontrarás lo que tanta falta te hace y una vez que estés allí, que nada te separe de Él, para mantener una vida rebosante, delante de tu Señor.

Él Te Esconderá en Su Secreto

9

En el Salmo 31, David menciona una verdad revelada: "*en lo secreto de tu presencia*". David está hablando algo muy profundo; ...toda fuerza verdadera, viene como resultado y respuesta de acercarnos al Señor.

Salmo 31:19-20 RVR1960

"¡Cuán grande es tu bondad, que has guardado para los que te temen, que has mostrado a los que esperan en ti, delante de los hijos de los hombres! En lo secreto de tu presencia los esconderás de la conspiración del hombre; los pondrás en un tabernáculo a cubierto de contención de lenguas".

Toda la fuerza que vas a necesitar en tu diario vivir, el secreto está "en acercarte a Dios" solamente vendrá a través de tu vida íntima y secreta de oración

> **¡La medida de tu fortaleza es proporcional a tu cercanía hacia El! Mientras más cerca estés de Jesús, más fuertes vas a ser.**

¡Pruebalo! ...Él vendrá a donde tu estas y te dará lo que necesitas. Este es el resultado de buscarlo en su secreto.

Al Arca de Su Presencia

En el Antiguo Testamento, la presencia del Señor estaba asociada con el Arca del Pacto. Este mueble cubierto de oro, con dos querubines con alas extendidas, debía estar siempre guardado en el lugar Santísimo dentro del Tabernáculo. El pueblo de Israel sabía que en donde estuviese el Arca, la presencia de Dios estaba allí. Dondequiera que el pueblo tenía que moverse durante la travesía en el desierto, los levitas transportaban el Tabernáculo junto con cada mueble incluyendo lo mas preciado; el Arca del Pacto.

> **El enemigo de tu alma y acusador, teme grandemente con tan sólo pensar que te acercas a la presencia del Señor. En la adoración tu la puedes alcanzar.**

¡Es así! Cuando el enemigo te ven de rodillas cada día buscando la presencia de tu Padre celestial, grita: ..."Dios está con este creyente, Ahora ya no será mas nuestro, tiene la presencia divina, ¿qué podemos hacer contra él?"... Esta es la razón por la cual Satanás hará cualquier cosa para robarte la presencia de Dios en tu vida. Por ese motivo te quiere enredar con dudas y temores, ansiedad y enojos. Quiere drenar tus fuerzas para que te conviertas en un débil y derrotado creyente. El enemigo usará cualquier cosa que pueda, -aun las "cosas que tu crees que son buenas"-, para mantenerte alejado y no pasar tiempo a solas con tu Señor. ¡Él sabe que el tiempo que pases con Cristo, te hace victorioso sobre los planes del enemigo, miedo y ansiedad de este mundo!

La Palabra de Dios Te Dice Que Puedes Orar Sin Cesar

Esto es oración en cualquier lugar, en cualquier momento. Yo he llegado a creer que mis oraciones también son las expresiones y tiempos continuos de adoraciones y agradecimientos que le ofrezco a Él durante todo el día. Esto me mantiene consciente de su presencia.

| **Dios anhela que entres en sus secretos.**

Jeremías 23:18, 21-22 RVR1960

18 Porque ¿quién estuvo en el secreto de Jehová, y vio, y oyó su palabra? ¿Quién estuvo atento a su palabra, y la oyó?" 21 No envié yo aquellos profetas, pero ellos corrían; yo no les hablé, mas ellos profetizaban. 22 Pero si ellos hubieran estado en mi secreto, habrían hecho oír mis palabras a mi pueblo...

Hoy quiero hacer resaltar una verdad que Dios ha puesto en mi corazón, y es el hecho que Dios ama a su pueblo y desea hablarle; en su plan está previsto que Él puede derramar su Espíritu Santo sobre todo su pueblo como dijo el profeta Joel:

Joel 2:28 RVR1960
Y después de esto derramaré mi Espíritu sobre toda carne, y profetizarán vuestros hijos y vuestras hijas; vuestros ancianos soñarán sueños, y vuestros jóvenes verán visiones.

"*Profetizarán*": Eso significa que traerán al pueblo Palabra de Dios. Es muy importante que la Palabra que está escrita, la leas y la escrudiñes, porque de repente el Espíritu Santo hará que esa Palabra sea soplada y sea hecha "*rhema*" en tu espíritu, y, comiences a experimentar en tu vida la fortaleza espiritual. Al sconvertirse en *palabra viviente* pàra tu alma, Dios toma su palabra "logos", la escrita hace muchos años atrás y te la da hoy presente para ti.

> **Te la entrega para hoy la hace en presente y la pone en tu espíritu para impactar por completo todo tu ser.**

Dios anhela prender su palabra en tu corazón y traerla como una llama viva para que ministre tu necesidad en el presente. Asi es Dios. David recibió el "*rhema*" de Dios muchas veces, eso es fluir en la palabra profética, aunque es de ayer se convierte en el hoy para tu vida. David contínuamente era ministrado por Dios mismo. Cuando estaba débil, decaído, triste, y aun deprimido, La presencia de Dios lo ministraba y lo sacaba "del pozo de la depresión". Lo más importante es el *clamor del alma*... ahí Dios responde.

Salmo 40:1-3 RVR1960
¹ Pacientemente esperé a Jehová, Y se inclinó a mí, y oyó mi clamor. ² Y me hizo sacar del pozo de la desesperación, del lodo cenagoso; puso mis pies sobre peña, y enderezó mis pasos. ³ Puso luego en mi boca cántico nuevo, alabanza a nuestro Dios. Verán esto muchos, y temerán, y confiarán en Jehová.

No es fácil esperar por la ayuda de Dios, pero por hacerlo, Dios te puede visitar y levantar. En este Salmo vemos cuatro pasos a seguir. Primero el alma clama a Dios pidiéndo respuesta, segundo Dios oye el clamor; tienes que llamar la atención de Dios hasta que Él te escuche, El mandará a su Santo Espíritu para sacarte de la confusión y desesperación en el cual caistes y te afirmará sobre Cristo la roca, fundamento firme estable que nunca caerá, sino que permanece para siempre. Cuando se cae en un pozo de depresión el salmo revela que por causa de un caminar incierto, por eso es necesario que Él *"enderece tus pasos".*

Quizás la queja y la negatividad estaban en tu boca, confesiones fuera de la Palabra de Dios, eso hizo que te enredaras en tus propias palabras, por eso el salmo confirma: *Puso luego en mi boca cántico nuevo, alabanza a nuestro Dios.* Después de la liberacíon tu hablar tiene que cambiar, tu forma de ver la vida debe ser diferente. La alabanza hacia Dios tiene que estar en continuidad en tu labios. Le dio un nuevo canto de alabanza y adoracion, *"cántico nuevo"* que sale del alma, y del espíritu del hombre regenerado, que ha salido de la prueba por gracia salvadora.

Muchas veces, no recibimos bendiciones a menos que no pasemos por la prueba de la espera.

Cuando no había esperanza, ni aliento, ni visión ni consejo que te sirviera y nada de lo que te decían lograba impactar tu corazón, su Presencia sí lo hizo. Es Dios mismo el que se revelará por medio del Espíritu Santo.

Lo que nadie se ha puesto a pensar, Dios lo ha preparado para ti... mira que hay miles de millones de personas pensando cosas... pero lo que Dios ha planificado para ti es único. ¡Mas Dios quiere darnos más de lo que vemos y más de lo que pensamos! Si la fidelidad de Dios ha cambiado tu vida, habla de ello, debe de ser natural en tu vida el poder compartir con otros lo que Él ha hecho por ti y tu familia.

En Su Secreto Te Revelará Sus Tesoros

10

> Jeremías 23:18 RVR1960
> *Porque ¿quién estuvo en el secreto de Jehová, ¿Y VIO, Y OYÓ SU PALABRA? ¿Quién estuvo atento a su palabra, y la oyó?*

Cual importante te es entender que los tesoros de Dios están escondidos, y que Él no se los revelará a cualquiera. Sin embargo, a quienes le buscan, y entran en *el lugar secreto*, en quietud y expectatiava, recibirán un amplio conocer de Dios por la revelación del Espíritu Santo.

¿Quién Vio y Oyó?

> Isaías 45:3 RVR1960
> *...y te daré los tesoros escondidos, y los secretos muy guardados, para que sepas que yo soy Jehová, el Dios de Israel, que te pongo nombre.*

El término, "tesoros" y "secretos" no es solo para oírlos sino para verlos con ojos espirituales. Dios los envía a través de sueños y visiones, para ampliar el conocimiento de su personalidad y su carácter, a corazones receptivos. Cuando me refiero a *los tesoros de Dios*, me estoy refiriendo a las cosas muy guardadas por el Padre. Secretos que ni a sus ángeles se les ha mostrado. Sus secretos revelarán al corazón del hombre grandeza, su majestad, su dominio y su excelsa sabiduría. Él piensa más alto que los pensamientos del hombre. Nadie lo puede igualar.

Estos textos maravillosos te ayudarán a entender:

Isaías 45:3 ^{RVR1960}
...y te daré los tesoros escondidos, y los secretos muy guardados, para que sepas que yo soy Jehová, el Dios de Israel, que te pongo nombre.

Mateo 13:44 ^{RVR1960}
Además, el reino de los cielos es semejante a un tesoro escondido en un campo, el cual un hombre halla, y lo esconde de nuevo; y gozoso por ello va y vende todo lo que tiene, y compra aquel campo.

Colosenses 2:2-3 ^{RVR1960}
Para que sean consolados sus corazones, unidos en amor, hasta alcanzar todas las riquezas de pleno entendimiento, a fin de conocer el misterio de Dios el Padre, y de Cristo, en quien están escondidos todos los tesoros de la sabiduría y del conocimiento.

> Job 11:7 RVR1960
> *¿Descubrirás tú los secretos de Dios? ¿Llegarás tú a la perfección del Todopoderoso?*

> En su secreto podrás conocer intensamente a Dios, por la revelación del Espíritu Santo que te revelará los secretos de su Palabra y sus diseños divinos.

Por eso es tan importante *estar* en la presencia de Dios y en su *reunión* secreta, porque es allí donde se recibe la inspiración del mensaje autorizado, respaldado por Él. Estas son dos prioridades son bien importantes para su pueblo. La primera revela su carácter de Señor, en la expresión: Mi reunión, mi palabra, mi pueblo. Eso significa que tú solo eres un instrumento en las manos de Dios.

> Jeremías 33:3 RVR60
> *Clama a mí, y yo te responderé, y te enseñaré cosas grandes y ocultas que tú no conoces.*

> Hoy es el tiempo de volver al secreto del que te fuistes, regresa a ser cautivado por su amor, regresa a los tiempos de cerrar la puerta de tu habitación para tener intimidad con Dios... solos tú y Él como al principio. Cosas buenas te suceden cuando estás en su secreto.

Intimidad en Su Presencia

¿Quieres conocer alguna de ellas? Permíteme mencionartelas:

- Te conviertes en el conocedor de sus secretos. ¿A cuántos les agradaría saber las cosas que les van a suceder en el futuro? Eso solo Dios lo puede mostrar a todos aquellos que están en su secreto. Allí también estarás escondido y protegido:

Salmos 64:2 RVR60
Escóndeme del consejo secreto de los malignos, de la conspiración de los que hacen iniquidad.

- Puede que te quieran tender trampas o gente mala a tu alrededor maquine para hacerte caer, o quizás intenten hablar mal de ti, pero si tú estás en el secreto de Dios, estás escondido en Él y ellos caerán en su propia trampa.

Salmos 31:20 RVR1960
En lo secreto de tu presencia los esconderás de la conspiración del hombre; Los pondrás en un tabernáculo a cubierto de contención de lenguas.

- La única forma en que puedes saber algo acerca de Dios es aquello de lo que Él se complace en revelarse de sí mismo. ¡Dios anhela derramar sus tesoros escondidos! ¡Es necesario buscar el rostro de Dios, es necesario buscar su presencia! Dios nos dice en Jeremías 23:22: "*Pero si ellos hubieran estado en mi secreto, habrían hecho oír mis palabras a mi pueblo, y lo habrían hecho volver de su mal camino, y de la maldad de sus obras.*"

- El estar en su secreto devuelve al creyente la santidad, nota lo que dice: *lo habrían hecho volver de su mal camino, y de la maldad de sus obras.* El término en realidad es "arrepentirse" o "regresar al camino". Hoy lamentablemente falta un genuino arrepentimiento y esto es el resultado tanto los que predican la palabra, como los que la escuchan, por no sacar tiempo para estar en el lugar secreto. Donde se escucha el verdadero mensaje de Dios para los días difíciles de hoy.

Tienes que estar dispuesto para entre en su presencia pues allí Dios to mostrará sus secretos y te dará a conocer sus tesoros.

¿Quién Recibirá sus Secretros?

Por no estar en los secretos de Dios, no se conocen

sus secretos. Cuando él habla de sus tesoros, dice:

1 Corintios 2:9 [RVR1960]
Cosas que ojo no vio, ni oído oyó, ni han subido en corazón de hombre, son las que Dios ha preparado para los que le aman.

El Apóstol Pablo hace referencia en este texto a lo que ya el profeta Isaías menciona en el capítulo 64:4. En esta cita bíblica se menciona y se destaca tres características de conocimiento:

1. Conocimiento perceptivo que tiene que ver con ojo y oído a través de la observación.
2. El conocimiento conceptual del corazón y la mente por la razón.
3. El deseo ferviente espiritual de los que le aman a través de la afinidad moral y personal.

No puedes siquiera pensar todo lo que Dios tiene reservado y planificado de antemano para ti en esta vida y en la eternidad. Saber acerca del futuro maravilloso y eterno que nos espera, crea esperanza y valor para continuar adelante con Cristo.

Los secretos de Dios, se refiere a la naturaleza insondable de Él y su extraor-dinario diseño y plan en medio de los tiempos.

Debido a que el conocimiento de las cosas de Dios es de naturaleza espiritual más que intelectual, no hay base para glorificar a ningún hombre o líder en esta tierra, sea religioso o no; o por supuesta superioridad en esta esfera. En 1º Corintios 2:10, establece que Dios *las reveló aquellos que entendían las cosas espirituales.*

Si tú estás intersado en conocer los secretos de Dios necesitas operar en dos tareas. Una en revelación de Dios a través de su Espíritu a tú espíritu. Y otra teniendo una receptividad apropiada hacia el mensaje divino.

En el verso 11 destaca que nadie puede conocer los pensamientos de una persona, excepto el propio espíritu de esa persona, mientras que sólo el Espíritu de Dios conoce los pensamientos de Dios.

> **Dios nos ha dado su Espíritu (no la sabiduría humana ni el espíritu del mundo) para poder conocer las cosas maravillosas que nos ha regalado.**

En el verso 13, Pablo continúa diciendo: *...usando las palabras del Espíritu para explicar las verdades espirituales.* (NTV)

El hombre maduro espiritualmente responde al

sentir del Espíritu de Dios, no al conocimiento humano, además interpreta y da a conocer las cosas espirituales a los creyentes, que han entendido y son llenos del Espiritu de Dios. Las personas que no son espirituales no pueden recibir estas verdades, porque les suenan ridículo y no pueden entenderlo, porque solo los espirituales lo pueden percibir, por causa que el Espíritu Santo mora en ellos, (verso 14).

Desde el punto de vista espiritual, la gente está catalogada en tres naturalezas; eso esclarece como la "revelación de la cruz" es recibida indistintamente por el hombre.

1. El hombre natural no regenerado, no siente aprecio por el evangelio.
2. El hombre carnal que es simpatizante del evangelio, y que vive de forma parecida a los incrédulos, se identifica por su comportamiento inmaduro. Se preocupan más por las opiniones de los demás, que por Cristo y nunca alcanza su estatura.
3. El hombre regenerado tiene madurez espiritual y vive en la ley del Espíritu por lo tal no peca. Posee una naturaleza que responde a la verdad de la Palabra y ha muerto para los deseos de los ojos y para el amor al mundo.

En Su Secreto Te Revelará Sus Tesoros

1 Corintios 2:14 ^{RVR1960}
Pero el hombre natural no percibe las cosas que son del Espíritu de Dios, porque para él son locura, y no las puede entender, porque se han de discernir espiritualmente.

La Biblia habla del hombre natural, no regenerado, la cual es controlado y gobernado por los instintos naturales, -opuesto al espiritual-.

2 Pedro 2:12 ^{RVR1960}
Pero éstos, hablando mal de cosas que no entienden, como animales irracionales, nacidos para presa y destrucción, perecerán en su propia perdición,

Tiene que ver con personas que están bajo el dominio de Satanás y son esclavas de los deseos de la carne, viven de acuerdo con los deseos del mundo- se sienten bien practicando y viviendo ese estilo de vida. Continuamente son regidos por los instintos naturales, tal como dice el Apóstol Pedro. Tiene que ver con todos aquellos que rechazan de una forma abierta y deliberada el camino recto que el Señor Jesucristo ha trazado para que el hombre experimente la salvación. La persona que no es espiritual no puede jamás entender los propósitos de Dios, ni recibir su Revelación.

| Para comprender todo aquello que viene de Su

Palabra y de su mismo Espíritu, hay que nacer de nuevo.

El centro de esta realidad es que el hombre natural confía en sus propios razonamientos, en su intelectualismo, y habilidades humanas. Para llegar a Dios y conocerlo a plenitud hay que humillarse y buscar su presencia. La Biblia también habla del hombre espiritual, se refiere a la persona regenerada y transformada por medio del poder y unción del Espíritu Santo. Todos aquellos que han tenido un encuentro personal con Jesucristo y su revelación Divina, deben de andar en el Espíritu y no satisfacer la *naturaleza humana*, la que proviene de Adán.

¿Te has preguntado alguna vez cómo puede el hombre o la mujer llegar a ser esa persona espiritual? ¿Cómo puede llegar a ser instruida y enseñada por el Espíritu de Dios? Debes de estar dispuesto a ser cambiado por el Espíritu Santo; porque entiendes que eres llamado a vivir una nueva vida en Dios. Para ello debes resistir firmemente toda tentación y deseo de la carne. Lo prioritario en tu vida será agradarle para mantener una comunión diaria.

Él Te Hará Conocer Sus Misterios

11

1 Corintios 2:7-8 ^{RVR1960}

Mas hablamos sabiduría de Dios en misterio, la sabiduría oculta, la cual Dios predestinó antes de los siglos para nuestra gloria, la que ninguno de los príncipes de este siglo conoció; porque si la hubieran conocido, nunca habrían crucificado al Señor de Gloria.

El significado de la palabra "misterio", en la raíz griega es: conocimiento retenido, oculto, o en silencio, y para ello se utiliza la palabra /*musterion*/. En el griego bíblico es: "una verdad no revelada", oculta hasta ahora del conocimiento humano y de ser entendida, pero conocida solo por la revelación de Dios. /*Musterion*/ tiene que ver con secreto, o enseñanza el cual lo conoce el que lo posee, nadie más.

El misterio de Dios es el plan antes escondido, la gran verdad revelada al Aptol. Pablo acerca del propósito de la salvación para todo aquel que cree. La resurrección afirmó en forma contundente que Jesús tenía poder sobre el pecado y la muerte. Sin embargo, para los incrédulos el plan de Dios aun permanece oculto, debido a que rehúsan aceptarlo.

Es evidente resaltar que los misterios de Dios no son para adquirir una fe mística, rara o misteriosa. Se trata de lo que era sombra del antiguo pacto, de lo que había permanecido oculto. Ahora por la voluntad de Dios mismo sale a luz, aquellos misterios que ahora son revelados pasan hacer parte de los fundamentos de la fe cristiana. La idea en cuanto al misterio de Dios, tiene que ver con la revelación dado a conocer por el Espíritu de Dios, a todos aquellos que están en Cristo. Si bien han estado escondidos para el hombre natural, a todos aquellos que no se le ha revelado la verdad del evangelio, siendo el objetivo principal el conocer a Cristo, su obra y su redención.

En su carta a los Corintios, el Apóstol Pablo se refiere en el párrafo *"mas hablamos sabiduría de Dios",* a la diferencia de la sabiduría griega; a la cual los corintios, estaban acostumbrados a tener. Usaban su propia religión y filosofía aprendida de sus antiguos maestros.

> **La sabiduría de Dios que proviene exclusivamente del Espíritu de Dios al espíritu humano es la que revela los misterios de Dios escondidos al corazón de los que le buscan.**

El apóstol Pablo fue uno de los siervos más destacados, en desvelar los secretos de Dios, y lo hizo a través de sus cartas escritas. Siendo un hombre que fue trasladado al tercer cielo en visiones, no tenemos duda que estas cartas fueron inspiradas por el Espíritu de Dios. Como dice él mismo:

2 Timoteo 3:16 [RVR1960]
Entendiendo primero esto, que ninguna profecía de la Escritura es de interpretación privada, ya que Toda la Escritura es inspirada por Dios.

Sólo por el Espíritu Santo es traída toda revelación. *Ya que Él conoce y escudriña todas las cosas, aun lo mas profundo de Dios.*

Nadie puede saber las cosas de Dios sino su Espíritu Santo, que es uno con el Padre y uno con el Hijo. El cual ha dado a conocer los misterios a su Iglesia.

Siendo ella misma uno de los misterios escondidos revelados para consolación a los que creen. El Espíritu de Dios capacitó a sus siervos, los apóstoles, para dar a conocer los propósitos de Dios, a todo aquel que con fe sencilla cree en el Evangelio. A todos aquellos que alcanzan madurez espiritual por la gracia de Dios, (ya que todo don perfecto proviene de Dios) logrando alcanzar a desarrollar en su corazón la mente de Cristo en ellos.

Romanos 16:25-26 [RVR1960]
"*Y al que puede confirmaros según mi evangelio y la predicación de Jesucristo, según la revelación del misterio que se ha mantenido oculto desde tiempos eternos, pero que ha sido manifestado ahora, y que, por las Escrituras de los profetas, según el mandamiento del Dios eterno, se ha dado a conocer a todas las gentes para que obedezcan a la fe*".

Aunque los profetas desvelaron en parte al Mesías y su obra redentora, siempre Dios guarda un conocimiento infinito dentro de Él. Los profetas escribieron por inspiración divina acerca del sufrimiento y muerte del que sería enviado, más cuando estuvo entre ellos no se les abrió el entendimiento y lo rechazaron como el Hijo de Dios enviado a la humanidad. Aun en su resurrección, los discípulos de Jesús todavía mantenían el entendimiento entenebrecido para entender todas las cosas que Él les había enseñado. No pudiendo ver con claridad hasta que el maestro mismo sopló sobre ellos y les abrió el entendimiento.

Lucas 24:45-48 [RVR1960]
Entonces les abrió el entendimiento, para que comprendiesen las Escrituras; y les dijo: Así está escrito, y así fue necesario que el Cristo padeciese, y

resucitase de los muertos al tercer día; y que se predicase en Su Nombre el arrepentimiento y el perdón de pecados en todas las naciones, comenzando desde Jerusalén. Y vosotros sois testigos de estas cosas.

A pesar de este milagro dudaron de su resurrección y no entendieron las cosas que estaban sucediendo hasta que, en el Aposento Alto durante la Fiesta del Pentecostés, recibieron el bautismo del Espíritu Santo.

¡Cuán importante es recibir el Santo Espíritu a plenitud ya que sólo él da a las vidas la revelación perfecta de quien es Jesucristo y su obra redentora!

Efesios 1:9 RVR1960
Dándonos a conocer el misterio de su voluntad, según su beneplácito, el cual se había propuesto en sí mismo.

Su buena voluntad es parte del carácter de Dios, ya que Él es bondadoso y tiene buenos deseos para bendecir a sus hijos. Él se propuso en su voluntad divina dar a conocer sus misterios, revelarse a sí mismo, en plenitud para que se regocijaran en su amor y en su misericordia. Para que ellos se deleitaran en su gracia; que no es más que su amor derramado a través de Jesucristo. En la carta de

Efesios Pablo escribe: "*Según su beneplácito*", es decir *su deseo, o su buen placer* de dar a conocer el misterio escondido. Esta revelación, que hasta ese entonces había sido mantenido en secreto, (el misterio dado a través de la sabiduría divina), reunir todas las cosas en Cristo.

Efesios 3:5 RVR1960

Misterio que en otras generaciones no se dio a conocer a los hijos de los hombres, como ahora es revelado a sus santos apóstoles y profetas por el Espíritu.

> Los lavados en la sangre de Jesús tienen el privilegio más grande jamás concebido y es de recibir la revelación de Jesucristo.

Colosenses 1:26 RVR1960

El misterio que había estado oculto desde los siglos y edades, pero que ahora ha sido manifestado a sus santos.

Los pensamientos secretos, los planes, y las dispensaciones de Dios que permanecieron escondidas por siglos, para la humanidad, fueron revelados a los creyentes de Jesucristo, aquello que han entendido la importancia y el valor de lo que es estar, en su íntima comunión.

Efesios 3:9-10 RVR1960

Y de aclarar a todos cuál sea la dispensación del misterio escondido desde los siglos en Dios, que creó todas las cosas; para que la multiforme sabiduría de Dios sea ahora dada a conocer por medio de la Iglesia a los principados y potestades en los lugares celestiales.

Estos misterios estaban ocultos para los principados y potestades, por eso enfatiza el Apóstol Pablo: si los príncipes de este mundo lo hubieran sabido, *"no hubieran matado al Cristo de la gloria en la cruz"*.

Las potestades espirituales son superiores al hombre, poseen capacidades más elevadas por ser criaturas espirituales ya que no están limitadas a la tierra como el hombre. Sin embargo, al hombre se le ha dado la oportunidad de ser adoptado para ser hijo de Dios. Leyéndo el nuevo testamento tu puedes leer los misterios de Cristo y de su Iglesia como hemos estado analizando, para tu edificación, mientras que tus ojos espirituales, son abiertos.

Quizás para muchos cuando se habla de la terminología *misterios*, no sienten mayor interés en el tema. Es menester que entiendas que estas viviendo en un tiempo donde el engaño y la mentira se hace cada vez más real. Esta se infiltra en forma sutil en las mentes de los humanos confundiéndolos cada vez más.

> A menos que no seas llevado a una mayor y genuina revelación por medio del Espíritu Santo, de quien tú eres en Dios, no podrás detectar fácilmente las artimañas del enemigo.

El hecho de conocer más profundamente los misterios de Dios te hará estable y seguro, para no ser movido por cualquier viento de doctrina y enseñanza trasgiversada y errónea.

¿Con cuánta frecuencia te confrontas, con aquellos que niegan cada vez más los principios y fundamentos de la palabra de Dios? Hoy en día es común oír de aquellos predicadores que han distorsionado y cambiado el concepto puro y fiel de la enseñanza bíblica, por seguir doctrinas falsas. Es verdad que muchas sectas, religiones y sociedades secretas son dirigidas por misterios y misticismos escondidos, divulgados entre ellos mismos. Recuerda: la Palabra de Dios no se refiere a ese tipo de misterio, su revelación sale de su corazón de su inteligencia inigualable.

Muchos no tienen la motivación suficiente de buscar más profundamente a Dios y todo lo que Él se ha dispuesto dar. Es hora de sacudirte de esta apatía adormecedora y de sus efectos dañinos para pedir a Dios una mayor manifestación de su Palabra revelada. Esto hará que te levantes como un verdadero cristiano blandiendo con tenacidad y fe la espada del Espíritu contra las corrientes impetuosas del engaño.

Su Revelación Te Hace Vivir Confiado

12

La Biblia menciona la palabra revelar o revelación, esto tiene que ver con un descorrer del velo, a fin de que podamos recibir entendimiento profundo sobre la manera en que la palabra de Dios intenta obrar en nuestras vidas.

Revelar Significa Correr el Velo

La palabra *revelar* en griego tiene que ver con: "el correr del velo de tinieblas", que cubría a los gentiles, ante la intervención de Jesucristo. Lucas lo recuerda en su evangelio. *...Luz para revelación a los gentiles, y gloria de tu pueblo Israel.* Lucas 2:32.

En primer lugar, Jesucristo vendría para ser la luz del mundo, esto llevaría un despertar de la mente a la verdad, tanto para judíos como para gentiles. Isaías lo nombra en tres veces consecutivas. (Isa. 42:6; 49:6; 52:10).

El mostrar el misterio del propósito de Dios en esta era, se realizará en totalidad cuando el Señor haga del monte Sión, el lugar donde desde ahí lu gloria sea revelada a todas las Naciones y los velos que cegaban a la humanidad caigan.

> Jesucristo enviado del Padre como la luz que alumbra al mundo entero, será revelado en breve.

Isaías 25:7 ^{RVR1960}
Y destruirá en este monte la cubierta con que están cubiertos todos los pueblos, y el velo que envuelve a todas las naciones.

> La sabiduría y la revelación vino a los que aman la verdad a través de Jesucristo.

El Apóstol Pablo oro para que los Efesios conocieran mejor a Dios.

Efesios 1:17 ^{RVR1960}
Para que el Dios de nuestro Señor Jesucristo, el Padre de gloria, os dé espíritu de sabiduría y de revelación en el conocimiento de él.

Es evidente que si quieres conocer a alguien, debes pasar tiempo con él, -no se puede lograr de otra manera-. Esto mismo tiene que ver cuando se refiere para conocer a Dios, porque nada puede sustituir el tiempo que pases a solas con Dios para conocerle personalmente. La pregunta sería entonces: ¿Conoces a Dios o sólo sabes acerca de Él? La diferencia radica en pasar tiempo siendo saturado por su presencia.

> Es evidente que conocer personalmente a Cristo cambiará por completo tu vida.

La palabra revelar viene también de la acción de la raíz griega, /*apokalupt*/ que significa desvelar, develar, descubrir. Como el título del mensaje dado a San Juan en la Isla de Patmos, Apocalipsis. También lo vemos en la verdad declarada a los hombres por medio de los evangelios, llamada las *Buenas nuevas de salvación*, (Romanos 1:17), en su plan para salvarte, está la justicia de Dios y revela como ser aptos para la vida eterna.

> **Cuando crees plenamente en Cristo, se restaura tu relación con Dios, y te declara justo ante Jesús por medio de la fe.**

Saulo de Tarso tuvo una revelación física y palpable de Jesucristo.

Gálatas 1:16 RVR1960

...revelar a su Hijo en mí, para que yo le predicase entre los gentiles, no consulté en seguida con carne y sangre.

Por eso él podía testificar la ingnoracia que trae la religiosidad en los hombres cuando escribe a los Gálatas judíos lo siguiente, *...Pero antes que viniese la fe, estábamos confinados bajo la ley, encerrados para aquella fe que iba a ser revelada.*

Pablo testificaba sin cesar que la revelación de Cristo visible hizo que sus ojos espirituales se les fuera abiertos a la verdad.

Gálatas 1:16 RVR1960

...revelar a su Hijo en mí, para que yo le predicase entre los gentiles.

Dios te conoce a ti intimamente y te escogió desde antes que nacieras. Dios desea que te acerques a Él y puedas cumplir el propósito que tiene para tu vida.

Revelar También Significa Predicar la Palabra Bajo la Unción de Dios

Revelación tiene que ver, con la enseñanza o la predicación bajo la unción del Santo Espíritu, que ayuda a la gente a ver la gloria de Cristo y la manifestación de su presencia. La palabra revelación aquí, tiene que ver con dos aplicaciones: La biblia es conocida también como "la Palabra revelada de Dios". Para entender lo que es la revelación particular de Dios, está la expreción en hebreo, /*Yada*/, ésta se usa para expresar un concepto particular de revelación. Veamos los ejemplos:

> Dios se da a conocer mediante hechos de revelación, por ejemplo: Por las promesas como las que dio a David.

Su Revelación Te Hace Vivir Confiado

2 Samuel 7:21 ^{RVR1960}
Todas estas grandezas has hecho por tu palabra y conforme a tu corazón, haciéndolas saber a tu siervo.

Hay una palabra que se utiliza en el Antiguo Testamento y esta es: *"se descubre"*, cuando esto se refiere a Dios, significa que *"El Señor se revela a sí mismo"*.

| También se revela al oído de una persona para comunicarle algo.

1 Samuel 9:15 ^{RVR1960}
Y un día antes que Saúl viniese, Jehová había revelado al oído de Samuel,...

Esto tiene que ver con *"descubierto al oído"*. En este caso, el significado de la acción no solo es el hecho de decir, sino el de informar a alguien acerca de algo que no se sabía. Cuando se utiliza en este sentido hay una palabra en hebreo que se menciona esta es /galah/ indica *"revelación de secretos"*, aun de los sentimientos más íntimos.

Jeremías 11:20 ^{RVR1960}
Pero, oh Jehová de los ejércitos, que juzgas con justicia, que escudriñas la mente y el corazón, vea yo tu venganza de ellos; porque ante ti he expuesto mi

causa.

El profeta Jeremías establece: "ante ti he expuesto mi causa", esto es en la misma aplicación de la palabra /*galah*/, esta se refiere al hecho de dar a conocer ampliamente o promulgar. Esto tiene que ver también con algo no sellado sino abierto.

> **Dios traía revelación a su pueblo, con un sólido fundamento, a fin de que le agradaran al serle obediente y fieles solo a Él.**

Dios por medio de su palabra revela su rectitud y sus deseos de bendiciones para su pueblo. El conocer a Dios, es tener un íntimo conocimiento práctico de Él. Es así que vemos en el ejemplo de Faraón que niega conocer a Jehová, y por lo tanto rehúsa reconocer su autoridad sobre él.

Éxodo 5:2 ^{RVR1960}
Y Faraón respondió: ¿Quién es Jehová, para que yo oiga su voz y deje ir a Israel? Yo no conozco a Jehová, ni tampoco dejaré ir a Israel.

Esto es significativo, conocer a Dios es lo mismo que temerle en una actitud reverencial, servirle y confiar plenamente en Él.

Dios Ha Revelado Sus Planes a Sus Siervos Los Profetas

La ley de Dios y los profetas son el resultado de la revelación divina, lo cual describe a todo el Antiguo Testamento como revelado.

Amós 3:7 RVR1960
Porque no hará nada Jehová el Señor, sin que revele su secreto a sus siervos los profetas.

Aquí la palabra "revele" tiene que ver nuevamente con la raíz /*galah*/, lo cual significa descubrir, develar, abrir, mostrar abiertamente, desnudar, exponer, salir. Este texto tiene que ver con la revelación, exposición, descubrimiento y apertura de los planes secretos del Señor a sus profetas, quienes han sido llamados a ser sus siervos. El Señor de acuerdo a la enseñanza del Antiguo Testamento, no hacía nada -con respeto a su pueblo Israel-, sin antes revelarles sus planes a los profetas. Cuando Dios les revelaba algo, ellos tenían la responsabilidad de proclamar la advertencia a todo el pueblo, acerca de los consejos, profecías futuras o juicios de Dios.

Juan 15:15 RVR1960
Ya no os llamaré siervos, porque el siervo no sabe lo que hace su señor; pero os he llamado amigos, porque todas las cosas que oí de mi Padre, os las he

dado a conocer.

En el Nuevo Testamento, esta palabra también se aplica a las escrituras, las cuales son parte del canon completo de la Biblia, o sea que el contenido de la Palabra de Dios está completo. El Nuevo Testamento denota, no lo que es misterioso, como sucede con el término castellano, sino aquello que estando más allá de la posibilidad de ser conocido por medios naturales, solo puede llegarse a saber por revelación divina; haciéndose saber de una manera específica y en el tiempo señalado por Dios. El Espíritu Santo nos da revelación así como el texto lo indica. Con todo el esfuerzo que como humanos podamos hacer tanto leer como memorizar las Escrituras, es necesario al hacerlo, que dependas continuamente del discernimiento de Dios. Esto será lo único más seguro para la edificación y fortaleza de tu vida.

1 Juan 5:14 [RVR1960]
Asimismo, sabemos que si pedimos conforme a su voluntad Él nos oye.

Esta es la noticia que necesitas conocer la voluntad de Dios por el Espíritu de Dios, así tus peticiones serán contestadas. Si no andas en el Espíritu, pedirás conforme a tu propia voluntad, que son tus deseos engañosos.

> Recuerda: si oras conforme a la voluntad de Dios, sabes que recibirás las peticiones que le hayas hecho.

¡El que se dispone a estar en el secreto de Dios, conoce sus secretos! Si te pasas la vida orando conforme a lo que ves, conforme a lo que te parece, conforme a las circunstancias que estás viviendo, si son las circunstancias las que dominan tu vida de oración y comunión con Dios, los planes de Dios no podrán realizarse jamás en tu vida.

Él está esperando por tu decisión para que te rindas por completo en su presencia, solo de esta manera podrás conocer los tesoros escondidos que tiene para ti.

Todo el que crea y esté dispuesto a entrar en el secreto de una viva relación de comunión con Dios será guardado, conocera la voluntad de Dios y recibirá contestación de todas sus peticiones.

No es suficiente todo lo que puedas hacer o decir, sino el poder conocerle cada día más íntimamente, por medio de la entrega y rendición incondicional

Mantén una verdadera comunión cada día con Él.

El Vivir Cada Día en Su Presencia

13

Cuando David fue ungido como rey de Israel, tuvo el deseo en su corazón de traer el arca de Dios, que estaba en Quiriat-jearim -Según lo que narra el pasaje bíblico, en 1 Crónicas 13: 5-13-.
David se había esforzado humanamente mucho para traer el Arca de Dios, a Jerusalén, a pesar de todo el Señor no aprobó la manera en que lo quería hacer. Dios ya tenía estipulada la manera para hacerlo y no era de acuerdo con el modelo humano.

Muchos quieren traer la presencia de Dios o hacer descender su gloria en algún lugar a su forma, pero para que eso suceda, debe estar primero su presencia, un ambiente saturado de adoración, corazones rendidos y sinceros anhelando fervientemente su gloria.

| **Dios se mueve basado en sus principios divinos.**

El versículo 13 dice *"Y no trajo David el arca a su casa en la ciudad de David, sino que la llevó a casa de Obed-edom geteo."* El deseo original de David era traer el arca a Jerusalén. La primera vez que movió el arca, estaba reposando en la casa de Abinadab, y sin saber lo hizo de forma incorrecta. Dios mismo se interpuso.

> Si quieres ver que la gloria descienda será a través de una alabanza genuina y una adoración de corazón, delante de su trono.

El camino al trono fue abierto y la sangre de Jesucristo nos limpia de todo pecado. Eso hace que descienda su presencia cuando hay un corazón agradecido que exalta y engrandece al Señor. La Biblia dice textualmente que Dios le ordenó a Moisés que trajera un arca y que construyera un Tabernáculo, para que El habitara en medio de Su pueblo.

Por eso en Deuteronomio 10:8 ^{RVR1960} dice: "*En aquel tiempo apartó Jehová la tribu de Leví para que llevase el arca del pacto de Jehová, para que estuviese delante de Jehová para servirle, y para bendecir en su nombre, hasta hoy.*"

> Este texto claramente especifica varias cosas. No todos podían llevar el arca de la presencia de Dios, solo los levitas.

Hoy mucha gente se creen adoradores, porque cantan, sin ser consagrados al servicio del Señor como lo eran los levitas, una tribu separada solo para servir a Dios. Las tiendas más cercanas al Tabernáculo, eran las del campamento de la tribu de Leví. La función de esta tribu era la de ser servidores en todo y adoradores. Ellos tenían que estar muy pendientes de lo que Dios iba hablar siguiendo estrictamente las instrucciones dadas a Moisés.

En el tiempo de David pudo colocar 4 mil adoradores y 1500 músicos en el tabernáculo de David. Ellos fueron inspirados con una unción profética que hasta el dia de hoy lo puedes comprobar a través de los escritos profeticos en los "Salmos".

> Si los adoradores adoran en espíritu y verdad, llevan al pueblo a entrar en su presencia. Si los músicos adoran el pueblo, adora. Los sacerdotes y los levitas no iban detrás del pueblo, ellos iban delante guiando al pueblo en ese orden divino.

¿Por Qué Falló David al Traer el Arca?

Vemos que la ordenanza de Dios fue clara respecto al traslado del arca. Eran solo los levitas los únicos que podían cargar el arca sobre sus hombros.

¿Sabes lo primero que va a traer la presencia de Dios -que representa el Arca del Pacto- cuando está en tu vida; que representa estar en el lugar correcto? Comenzarás a temer a Dios.

> Un espíritu glorioso que se derramará en estos tiempos sobre la Iglesia es el temor al Señor, y eso no es otra cosa que separarse, para recibir el favor, poder y autoridad de Dios.

Dice la Biblia en 1 Crónicas 13 en este relato que David tenía reverencia y temor de Dios todos los días de su vida. Si alguien mantiene lo mismo en el corazón, será portador de un movimiento restaurador en estos días, que llevará a muchos a encontrarse con la presencia restauradora de Cristo. Observa que después de esto, David engendró hijos e hijas en Jerusalén; este hecho hizo que se instalara en la fortaleza de Jerusalén, teniéndo que reposar en un lugar estable; donde le nacieron muchos hijos.

¿Qué significó Jerusalén para el rey David? Casa de paz y casa de santidad. Cuando los hijos e hijas fueron engendrados en casa de paz y santidad, ellos fueron los que continuaron con el legado de su padre.

Para ser un vencedor tienes que estar en una casa de abundancia de pan -que es la palabra de Dios- y odedecerla en todos tus caminos. Algunas veces habrán circunstancias a tu alrededor que te molesten, y dirás: ¡Dios!, ¿por qué me pasa esto?, ¿por qué no suceden las cosas como yo quiero?... y es porque Él te quiere llevar a Pérez-uza, porque tiene que llevarte al quebrantamiento. Él tiene que romper tu fuerza natural para que aprendas a depender totalmente de Él.

> Tú no puedes matar gigantes si primero no te quebrantas tú personalmente.

Tienes que quebrantarte y decirle: "Señor perdóname, he luchado, y he intentado hacerlo a mi manera, en mi fuerza, pero he fracasado y he fallado" ... y dice Dios: "precisamente eso es lo que quiero que reconozcas. Antes de quebrantar el gigante extranjero, tienes que quebrantar el gigante interior".

> Tú puedes levantarte ante el poder más terrible de las tinieblas, y decirle a Dios: ¿qué hago?, y algunas veces El te dirá que blandas la espada del Espíritu y pelees; pero otras veces te dirá, quédate quieto y no te muevas.

Cuando escuches la respuesta de Dios a tu situación, ¡gozate!, entiende que llegó el momento de la respuesta que esperabas.

¿Qué Puede Hacer Dios Contigo?

Puede que una y otra vez hayas fracasado, intentado arreglar las cosas de tu vida a tu manera; y miras a tú alrededor y todo es un desastre continuo. Sin embargo Dios te dice en ese momento: *"hazlo a mi manera. Atrévete a depender de mi gracia y de mi autoridad. Aprende a depender de lo que Yo soy en ti, y en lo que puedo hacer atreves de ti, y no de lo que tú puedas hacer a tu manera. Adórame en la forma que Yo lo he escogido; no lo hagas de la forma como tú quieres. Adórame y sírveme, espera en mi, y yo lo haré"*.

Solamente Dios puede ser tu ayudador. ¡Búscale apasionadamente! entrégate y envuélvete apasionadamente en la adoración para que Dios te llene de su presencia.

| Jesucristo es el arca de la presencia literal de Dios.

Cuando No Sabes Qué Hacer

14

2 Crónicas 20:2-9,12-15 RVR1960

Y acudieron algunos y dieron aviso a Josafat, diciendo: Contra ti viene una gran multitud del otro lado del mar, y de Siria; ... y Josafat humilló su rostro para consultar a Jehová, e hizo pregonar ayuno a todo Judá.

Y se reunieron los de Judá para pedir socorro a Jehová; y también de todas las ciudades de Judá vinieron a pedir ayuda a Jehová. Entonces Josafat se puso en pie en la asamblea de Judá y de Jerusalén, en la casa de Jehová, delante del atrio nuevo; y dijo: Jehová Dios de nuestros padres, ¿no eres tú Dios en los cielos, y tienes dominio sobre todos los reinos de las naciones? ¿No está en tu mano tal fuerza y poder, que no hay quien te resista? Dios nuestro, ¿no echaste tú los moradores de esta tierra delante de tu pueblo Israel, y la diste a la descendencia de Abraham tu amigo para siempre? Y ellos han habitado en ella, y te han edificado en ella santuario a tu nombre, diciendo: Si mal viniere sobre nosotros, o espada de castigo, o pestilencia, o hambre, nos presentaremos delante de esta casa, y delante de ti (porque tu nombre está en esta casa), y a causa de nuestras tribulaciones clamaremos a ti, y tú nos oirás y salvarás. ¡Oh Dios nuestro! ¿no los juzgarás tú? Porque en nosotros no hay fuerza contra tan grande multitud que viene contra nosotros; no sabemos qué hacer, y a ti volvemos nuestros ojos. Y todo Judá estaba en pie delante de Jehová, con sus niños y sus mujeres y sus hijos. Y estaba allí Jahaziel hijo de Zacarías, hijo de Benaía, hijo de Jeiel, hijo de Matanías, levita de los hijos de Asaf, sobre el cual vino el Espíritu de Jehová en medio de la reunión; y dijo: Oíd, Judá todo, y vosotros moradores de Jerusalén, y tú, rey Josafat. Jehová os dice así: No temáis ni os amedrentéis delante de esta multitud tan grande, porque no es vuestra la guerra, sino de Dios. No habrá para qué peleéis vosotros en este caso; paraos, estad quietos, y ved la salvación de Jehová con vosotros.

Y mientras ellos salían, Josafat, estando en pie, dijo: Oídme, Judá y moradores de Jerusalén. Creed en Jehová vuestro Dios, y estaréis seguros; creed a sus profetas, y seréis prosperados.

El rey Josafat de Judá, fue avisado por unos mensajeros que un gran ejército de Amón y Moab, venían a atacarlo prontamente, ante el inminente peligro y amenaza, teme y convoca un ayuno y oración con todo el pueblo.

Esta fue la mejor actitud que Josafat pudo tomar, pedir socorro a Dios ante el peligro que les acechaba.

Convocó a todos al ayuno y al clamor. Hay algo muy importante que se demarca en el Rey Josafat orando y ayunando confesó: *no sabemos qué hacer, y a ti volvemos nuestros ojos.*
Dios le responde *que no debían de temer, que la batalla no era de ellos sino de Dios*, y nuevamente sacó momentos de adoración.

La confianza creció en su corazón, porque le creyó al mensaje dado por Dios.

En el día de la batalla pone cantores frente a los soldados mientras marchaban a la guerra alabando en alta voz. ¡Cual importante es entender esto! Mientras te apoyes en tus propias fuerzas, nunca podrás rendirte por completo delante de su presencia. Dios esta esperándo que le digas, "no se que hacer ante todo lo que está frente a mí, enséñame y guíame"; sin embargo, a ti vuelvo mis ojos para que puedas intervenir favorablemente sobre mi.

Tienes que estar dispuesto a entregarte en sus manos en ayuno con una actitud de humildad, anhelándolo de todo tu corazón.

V.3

Ante las adversidades y tribulaciones, es natural que

el temor intente paralizar tu avance espiritual, este hecho te recapacita para acudir a Dios sabiéndo que nada es difícil ni imposible para ÉL.

> La palabra siempre te anima y te dice que no debes temer, ni desmayar, porque su promesa es fiel: *"siempre te ayudará y te sustentaré con la diestra de mi justicia"*

¿Te has preguntado en donde está depositada tu confianza?.

V.4

Como hijo de Dios debes estar seguro de que tu Padre Celestial, escucha y responde tus oraciones: Él está contigo en todo momento y tiene el control de tu vida; siempre y cuando estés dispuesto a depender por completo de Él.

> **Los que confían en Él no serán avergonzados, y todas las cosas les ayudan a bien a los que le aman.**

Tu fe será probada para que entiendas desde los más profundo de tu corazón, donde está depositada tu confianza.

V.6

> Josafat ora y reconoce que el Dios de sus Padres es su Dios y exalta su poder y dominio.

En medio del dolor y la desesperanza, se te hace difícil alabar y orar, pero cuando lo haces, el ambiente espiritual cambia, aunque el enemigo no le gusta que alabes tienes que hacerlo. Entonces es cuando el temor se va y llega el milagro a tu vida.

V.7-8

> Josafat le recuerda las promesas a Dios y reconoce su Señorío y majestad.

Es importante reconocer que Jesucristo es tu Señor y tienes el poder para vencer y saber que solo Él tiene el poder para darte la victoria. Lo importante es rendirte por completo reconociendo su soberanía y señorío. Recuerda que Él siempre tiene la última palabra.

V.14-17

Josafat al escuchar la respuesta de Dios le adora e insta al pueblo a que confíen plenamente en Él. Solo de Dios es la batalla y la victoria total. Recuerda: es importante que puedas entender que el tiempo de Dios y el tuyo, son diferentes. Muchas veces deseas que Dios te saque prontamente de la situación en que estas confrontando, pero mientras esperas las promesas divinas y las guardas en tu corazón Dios te impartirá lo mejor de Él.

Dios pelea tus batallas, y aunque parece que aparentemente permanece en silencio, debes creer que está a punto de intervenir a tu favor porque te ama. Si tienes momentos de dolor, cree que Dios te concederá la sanidad.

> Me momentos de escasez te proveerá, porque todas sus promesas son en Él sí y amén. Cree que Dios va a manifestarse y serás testigo de su intervención divina.

Josafat creyó que Dios les daría la victoria y por ello alaba con gozo y alta voz confiando plenamente que Dios cumpliría lo que prometió.

> La mano de Dios se mueve a favor de tu vida, cuando le crees, cuando por la fe te apropias de sus promesas.

Dios te dice que no es tuya la batalla, sino de Él y en la medida que le creas y te mantengas buscándole, obtendrás tu victoria. Mientras esperas la promesa ¡gozate delante de la presencia de tu Señor! En esta experiencia de comunión íntima con Él, es que comienzan a suceder los milagros. ¡Atrévete a entender la actitud del rey Josafat!, un hombre que frente al temor supo usar las armas espirituales para vencerlo; sabía que las batallas se ganan en la humillación y por ello convocó ayuno congergacional. Josafat creyó en las promesas divinas y exaltó la magnificencia de Dios. Lo importante es la adoración verdadera que brota de lo profundo de tu corazón.

El ayuno es el medio en que tú puedes renovarte más y más espiritualmente. Tú mismo lo notarás, ya que tu forma de orar y creerle a Dios será diferente.

Consecuencias Poderosas del Ayuno

- *La disciplina del ayuno* te saca de la rutina del mundo, porque es una forma de ofrecer tu cuerpo a Dios, como sacrificio vivo, santo y agradable. (Romanos 12:1)

- *La disciplina del ayuno* te hace humilde delante de su presencia y te recuerda tu dependencia hacia Él.

- *La disciplina del ayuno* te llevará a amarle por encima de todas las cosas.

- *La disciplina del ayuno* el Espíritu Santo te

revelará la calidad de comunión que alcanzas con Jesucristo cada día.

Tienes que salir de lo ordinario, y adorarle como Él se merece; cuando entras en este nivel podrás conocerle como jamás le había conocido. Cuando tu tengas hambre y sed de verdad por Dios y su presencia, dejarás atrás los rituales, y no querrás irte sin saciar tu hambre y sed, delante de Él.

No permitas que el enemigo en tu vida te desenfoque de las promesas de Dios. Estas son activadas cuando tú las comienzas a creer utilizándo la potenta arma del ayuno.

Apuntes Para Un Ayuno Eficaz

El verdadero ayuno, impregnado de oración y Palabra es para:
- liberar al oprimido
- romper cadenas de impiedad,
- sanar a los enfermos,
- libertar a los cautivos
- sobre todo, para derrotar al enemigo.

El Ayuno y la Oración Siempre van Unidos a la Obediencia.

El ayuno es para recibir la respuesta de Dios a tu petición. En ese tiempo se rompen los obstáculos que impiden tu victoria.

> Recuerda siempre que un verdadero ayuno debe siempre ir acompañado de una perseverante oración.

Para el pueblo de Dios la razón del ayuno es entender que el hombre no prevalece debido a su gran fortaleza física o habilidad, sino que Dios desde su trono le concede por su misericordia triunfar en lo que ha esperado, ayudándolo a despojarse de las cargas, para ser libre totalemnte.

> Cuando sacas un tiempo para dedicarlo a Dios, ora el máximo del tiempo y luego medita en la Palabra de Dios.

Consejos prácticos

Al principio es muy probable que sienta dolor de cabeza, deseo de alimentos, de azúcar y de cafeína. Resiste en tu mente y sigue con lo prometido a Dios. Pon música de adoración, ya sea cantado o instrumental. Haga una lista de oración y saque el máximo para orar en el Espíritu (en lenguas espirituales). Es importante que bebas mucha agua. Ore por las almas perdidas y si tú tienes amigos, vecinos, familiares o compañeros de trabajo que no conocen al Señor, ora por ellos. No te desalientes, se persistente, continúa orándo sin desmayar.

> Es interesante creer que el ayunar y orar te prepara el camino para poder recibir las promesas dadas a tu vida.

En el ayuno se debilita la carne, a la vez se fortalece el espíritu.

La fe de un a mujer sencilla

Marcos 7:25-28 RVR1960
Porque una mujer, cuya hija tenía un espíritu inmundo, luego que oyó de él, vino y se postró a sus pies. La mujer era griega, y sirofenicia de nación; y le rogaba que echase fuera de su hija al demonio. Pero Jesús le dijo: Deja primero que se sacien los hijos, porque no está bien tomar el pan de los hijos y echarlo a los perrillos. Respondió ella y le dijo: Sí, Señor; pero aun los perrillos, debajo de la mesa, comen de las migajas de los hijos.

Jesús pudo encontrar un tipo de fe diferente cuando llego a la región Tiro y Sidón. Allí una mujer no judía estaba esperándolo para recibir un milagro. Tenía una hija la cual estaba atormentada por un demonio. Al escuchar que Jesús estaba cerca de ella, su fe se agigantó. A pesar de su obstáculo (ser siro-fenicia; esto indicaba que estaba fuera del pacto de Dios), a ella no le importó ser rechazada, porque presentía como madre que, en Jesús estaba la solución a su problema. Llegó el momento esperado cuando tuvo la oportunidad de estar frente a frente. La respuesta a su petición fue desalentadora, sin embargo, no se dio por vencida. Jesús hablaba acerca del *pan de la liberación* que era en primer lugar para los hijos de casa de Israel. Su respuesta fue firme: "...aun los perrillos debajo de la mesa comen de las migajas de los hijos". Ella creía que una migaja del *pan de la liberación* sería suficiente para que su hija recibiera la sanidad.

Es interesante ver en esta escena, (mientras muchos de los mismos hijos que estaban sentados a la mesa en Isarel, no habían demostrado tener hambre para reclamar un milagro a Jesús); esta mujer extranjera lo anhelaba con todo su corazón. Jesús honró a esta madre y su petición especial fue concebida.

> !Que importante es creer en el Señor de los milagros! Esta mujer decidió ir donde estaba Jesús.

El hambre espiritual hace que la persona sea saciada por Él. Que no te importe lo que digan de ti, debes de estar dispuesto buscando mas del autor de la fe. Más de la presencia que emana de Él, más de su poder y de su virtud sanadora, para que las malas situaciones, sean cambiadas en tu vida.

> **Es poderoso como Dios opera para saciar aquellos que tienen hambre de Él.**

¡Que importante es cuando tú tienes hambre por Dios mismo! No dudes, Él te llenará por completo. Hoy Dios te está hablando: "Estoy buscando a alguien que tenga hambre para yo mostrar mi gloria" "Yo la quiero depositar dentro de tú corazón"

> **Hoy Dios te está hablando. Este es un nuevo tiempo para ti para que puedas experimentar una mayor rendición, bajo la unción de su poder.**

Bibliografía

Biblia Plenitud. Versión Reina-Valera, Revisión 1960, ISBN: 089922279X, Editorial Caribe, Miami, Florida.

Vine, W.E. Diccionario Expositivo de las Palabras del Antiguo Testamento y Nuevo Testamento. Editorial Caribe, Inc./División Thomas Nelson, Inc., Nashville, TN. ISBN: 0-89922-495-4, 1999.

La Biblia de Referencia Thompson, Versión Reina-Valera 1960 copyright © 1987 The B.B. Kirkbride Bible Company, Inc. Y Editorial Vida, Miami, FL. ISBN: 0829714448 (original The Thompson Chain Reference © 1983 The B.B.

Portavoz, filial de Kregel Publications, Grand Rapids, MI. ISBN: 08254-1532-2 (original The MacArthur Study Bible, © 1997 Word Publishing, Thomas Nelson, Inc. Nashville Tennessee.)

Nueva Concordancia Strong EXHAUSTIVA DE LA BIBLIA. James Strong, LL.D., S.T.D. Editorial Caribe. ISBN: 0-89922-382-6

www.ingramcontent.com/pod-product-compliance
Lightning Source LLC
LaVergne TN
LVHW051522070426
835507LV00023B/3251